CONSIDÉRATIONS

SUR LE

SYSTÈME PHILOSOPHIQUE

DE M. DE LA MENNAIS.

PARIS. — IMPRIMERIE DE BAILLY,
Place Sorbonne, 2.

CONSIDÉRATIONS

SUR LE

SYSTÈME PHILOSOPHIQUE

DE M. DE LA MENNAIS;

Par M. l'Abbé

HENRI LACORDAIRE,

Chapelain du premier Monastère de la Visitation de Paris.

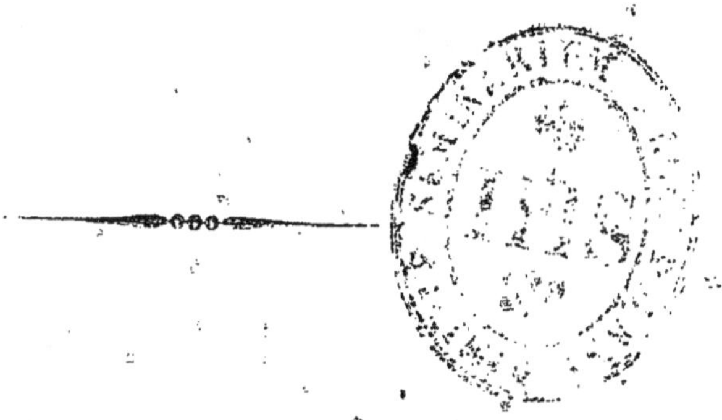

Paris.

DERIVAUX, LIBRAIRE,

RUE DES GRANDS-AUGUSTINS, 18.

—

1834.

AVERTISSEMENT.

Le chapitre préliminaire qui est en tête de ce livre a déjà paru dans l'*Univers Religieux* (1). Nous le conservons ici, comme préface, parce qu'il contient les motifs qui nous engagent à publier notre pensée sur le Système philosophique de M. de La Mennais.

(1) 2 mai 1834.

—

CONSIDÉRATIONS

SUR LE

SYSTÈME PHILOSOPHIQUE

DE M. DE LA MENNAIS.

CHAPITRE PRÉLIMINAIRE.

De l'état actuel de l'Église de France.

Il y a trente-quatre ans, l'Église de France ne présentait plus aux anges et aux hommes qu'une vaste ruine. Les reliques de sa hiérarchie moissonnée par une révolution qui n'avait fait grâce à aucune vertu, erraient pour la plupart dans l'exil; ses temples étaient abandonnés à des usages profanes, d'autres abattus, d'autres fermés et vides, d'autres consacrés à ce schisme (1)

(1) Le schisme constitutionnel.

qu'avaient commencé, sous Louis XIV, des hommes célèbres (1), et qui, grossi par la peur au pied des échafauds, convoitait l'héritage sanglant des saints. Les monastères dont elle avait peuplé les villes et les solitudes, subissant à peu près le même sort, étaient devenus des manufactures, des fermes, des prisons, ou des lieux inhabités. Rien ne lui restait du patrimoine qu'elle avait acquis par des siècles de charité; et, stérile elle-même, on ne lui voyait pas produire près de l'autel renversé, ceux qui pourraient un jour aider leurs rares prédécesseurs à en relever les débris. Cependant l'Église de France, ainsi pauvre et dévastée, ayant à peine un calice pour y boire le sang de son maître, l'Église de France avait vaincu ses ennemis. De cette révolution si puissante, que l'esprit humain avait préparée par trois siècles de travaux, qui avait enfanté tant d'hommes et d'événemens extraordinaires, aucune doctrine n'avait pu sortir. Elle avait détruit une monarchie, gagné des batailles, épouvanté l'Europe, tout fait, excepté ce qui change le monde. Si elle était venue deux cents ans plus tôt, la France

(1) Port-Royal.

eût été calviniste et républicaine; mais on avait franchi le point où l'erreur a encore assez de consistance pour être la foi commune et le lien d'un peuple; on était arrivé à celui où l'erreur ne peut plus unir deux hommes entre eux, et où elle *demeure comme ensevelie dans son triomphe*. Quoique l'Église de France fut travaillée par un schisme sourd (1), qui déchirait ses entrailles depuis cent cinquante ans, il fût impossible à la révolution d'établir un culte national. La France ne croyait ni au schisme, ni à la *raison*, ni à l'Être suprême, tour à tour reconnus par la république. Le moment solennel était venu pour elle de croire à tout ou à rien. Je dis le moment solennel, parce qu'après celui où la vérité règne sans contestation, il n'en est pas de plus grand sur la terre.

En effet, ce qui sauve et perpétue l'erreur, c'est la portion de vérité qui y est mêlée, et l'autorité qu'elle s'attire par là. Plus l'erreur augmente, plus elle perd de vérité, plus aussi son autorité diminue, parce qu'elle ébranle toujours davantage les fondemens qui lui restaient dans l'intelligence. Les esprits s'étonnent

(1) Le jansénisme.

de voir l'erreur s'enfuir devant eux; ils la poursuivent sur cette pente où elle est emportée : mais, à mesure qu'ils font effort pour la saisir, elle se dissout, elle leur échappe plus vite, comme un fantôme dont la réalité s'évanouit devant ceux qui le touchent de trop près, jusqu'à ce que tout à coup l'erreur cesse de faire corps, et l'homme se trouve seul, nu, sans croyances, haletant, en face de la vérité. C'est le moment que j'ai appelé solennel; et quand Dieu veut ramener les nations à lui, c'est par cette route qu'il les fait passer. Il pousse l'erreur à son dernier terme, là où il est visible qu'elle ne peut rien et qu'elle n'est rien, ou plutôt il la laisse aller toute seule, car l'erreur va de soi-même au néant. Alors se pèse le destin des peuples : contraints de choisir entre ce qui est et ce qui n'est pas, de croire à tout ou à rien, il faut qu'ils meurent ou qu'ils retournent à la vérité. Car les peuples ne sauraient vivre sans lien et sans foi, par conséquent sans vérité, et s'ils ne vivent plus de la portion de vérité que renferme l'erreur, parce qu'elle a cessé d'être leur lien et leur foi, il faut donc qu'ils vivent de la vérité elle-même, seule capable désormais de soumettre, d'unir et de satisfaire leur intelligence.

La France en était là le lendemain de sa première révolution. La stérilité de l'erreur, incapable, au milieu du bouleversement universel, de fonder une croyance et une Église, annonçait que son heure suprême était arrivée. Napoléon le vit de ce même regard qui, quinze siècles auparavant, avait révélé à Constantin la chute de l'idolâtrie, et lorsqu'une secte de déistes vint le solliciter de reconnaître leur culte comme celui de l'État, il répondit ce qu'il avait déjà répondu dans sa pensée à tous ceux qui espéraient recueillir l'héritage de l'Église romaine : *Vous n'êtes que quatre cents.* Le concordat de 1801 entre le Saint-Siége et la République française fut le résultat de cette puissance qu'avait acquise la vérité dans une lutte où elle semblait avoir tout perdu. On vit un grand capitaine porté par des batailles gagnées à la tête de l'État, chercher quel pourrait être son appui dans l'esprit humain, et n'en pas trouver d'autre qu'une Église ruinée, qui était depuis un siècle la fable des gens d'esprit. On le vit plus tard, lorsque le temps eut accru sa puissance, recevoir l'onction impériale des mains du pontife dont le prédécesseur avait couronné Charlemagne, et donner cette étonnante leçon à ceux qui ne comprenaient pas qu'un *prêtre étranger*, selon leur langage, exerçât quelque influence sur la création des trônes et sur leur affermissement.

L'Église de France traversa l'Empire avec dignité, restaurant ses cathédrales et ses séminaires, consacrant chaque année aux autels du Christ une nouvelle génération de serviteurs, sachant résister à l'homme qui ne trouvait de résistance nulle part, entourée de liens par sa prévoyance jalouse, pauvre, modeste, charitable, et déjà célèbre par les grands écrivains que Dieu commençait à lui susciter pour défenseurs.

L'Empire tomba. Au premier bruit de sa chute, à l'apparition des vieux rois français, le dix-huitième siècle s'émut au fond de son cercueil. Il crut qu'il n'avait dans la poitrine qu'un coup d'épée de l'empereur vaincu : il vint tenter le sort. Comme autrefois le paganisme enseveli fut évoqué par Julien, et joua sous le soleil cette curieuse scène antique dont le monde a gardé le souvenir; ainsi le dix-huitième siècle sortit du tombeau avec ses déités passées. Voltaire, Rousseau, d'Alembert, Diderot, Condorcet, Cabanis, mille autres accoururent ; et pendant que l'Église, toujours plus féconde, enfantait des hommes nouveaux qui remplissaient l'Europe de leur éclat contemporain, on envoyait à leur rencontre cette procession de morts. Malheureusement pour la vérité, elle n'était pas seule en présence de l'erreur : des dissensions politiques très graves compliquaient la lutte. On pouvait craindre que le flot qui emporte le monde vers Dieu ne fût arrêté long-temps, lorsqu'un coup de tonnerre renversa de nouveau l'antique maison de France, et donna une seconde fois au dix-huitième siècle tout pouvoir sur la société.

Jamais triomphe plus grand, plus fabuleux, ne fut suivi d'une catastrophe morale plus éclatante et plus subite. Comme le dix-huitième siècle n'avait combattu qu'avec la poussière des morts, il ne trouva rien de vivant en lui pour édifier quoi que ce fût.

Trois choses constituent un ordre social : la religion, le pouvoir et la liberté.

De religion, le dix-huitième siècle en chercha vainement quelqu'une qu'il pût donner au peuple : il ne trouva d'existant que la véritable, si ce n'est qu'un pauvre prêtre mit un autel dans une boutique, et offrit avec la meilleure volonté du monde de créer un culte qui serait tout ensemble catholique et français; dérision qui servit à mesurer l'abîme où l'erreur était parvenue depuis trente ans. Car enfin, la première révolution avait trouvé des évêques, des prêtres, un schisme, une hérésie; c'était quelque chose, cela avait un nom. Quel nom l'histoire donnera-t-elle au culte dont je parle? Il fallut donc choisir entre deux alternatives : laisser la France jouir tranquillement de la religion que le dix-huitième siècle s'était jadis promis d'anéantir, ou bouleverser de fond en comble ce grand pays, et demander encore une fois à la force le résultat que n'avaient obtenu ni la force ni la persuasion. Le premier parti prévalut. Seulement le dix-huitième siècle dévasta une antique église, abattit quelques croix de sa main glacée, murmura quelques prières sacriléges sur des cercueils, ruina l'archevêché de Paris, et obtint pour ses grands hommes un sépulcre sonore et vide sous le nom de Panthéon.

Quant au pouvoir, seconde condition de toute société, le problême parut plus facile à résoudre. On choisit un prince du sang royal;

et le dix-huitième siècle, un peu honteux d'avoir recours à des princes, lui cria : C'est nous qui t'avons fait; c'est par nous que tu es grand, par nous que tu règnes, par nous que tu es populaire et sacré! Mais à peine eût-on soupçonné que le nouveau monarque avait une pensée à lui, c'est-à-dire qn'il exerçait quelque pouvoir, l'idole de l'opinion croula devant l'opinion : il ne demeura debout qu'un homme gardé dans un palais par des soldats, qu'un chef d'esclaves soutenu par le bras des uns contre la haine des autres, que le premier ressort d'une mécanique appelée par des philosophes contens de leur ouvrage, une société.

Restait une chose qui avait été le principal point de ralliement du dix-huitième siècle, et qui est en effet une condition nécessaire de tout ordre social : je veux dire la liberté; car la liberté est l'ensemble des droits qu'aucune société régulière ne peut ravir à ses membres sans violer la justice et la raison; et, bien qu'on dispute sur l'étendue de ces droits, il est certain qu'ils existent; il est certain que nul pouvoir, si prépondérant qu'il ait été, ne les a jamais complétement méconnus. Le Christianisme en a introduit plusieurs, et d'une très haute importance, dans le monde : il a enlevé aux princes la direction spirituelle de leurs sujets, et créé, sous le nom de liberté de l'Église, la liberté des nations. Le dix-huitième siècle, mécontent de cette grande œuvre, qu'il ne comprenait pas, avait voulu, au contraire, fonder la liberté des peuples sur la ruine de l'Église; mais jusqu'alors il n'était parvenu qu'à mettre au monde la République et l'Empire, ces deux géans du despotisme. On attendait donc ce qu'allait produire la révolution de 1830, sous le rapport de la liberté. Or il arriva que, sauf des bagatelles, cette révolution n'ajouta rien à la liberté civile et politique précédemment établie par les anciens rois. Elle y mit tout au plus le sceau de la victoire; et si elle eût fait davantage, l'Église se trouvait affranchie, c'est-à-dire que le dix-huitième siècle se tuait de ses propres mains. Il s'arrêta donc épouvanté : il entrevit avec quelle profondeur Dieu se jouait de ses desseins.

Vainement les plus jeunes de cette génération épuisée lui crièrent d'aller en avant. Eux-mêmes ne purent éviter l'abîme qui avait fait reculer leurs pères, qu'en se jetant dans un autre abîme. Réduits à l'impossibilité de découvrir une liberté nouvelle qui ne fût une liberté de l'église, ils déclarèrent brusquement que la question n'était plus entre la servitude et la liberté, mais entre une forme et une forme, entre la monarchie et la république, et que la nation fatiguée, du reste, de se battre pour des mots, réclamait un changement fondamental dans la distribution de la propriété. Alors fut révélée une loi du monde : c'est que la liberté n'est pas en elle-même la fin de l'homme, que négative de sa nature, elle écarte seulement les obstacles qui empêcheraient l'homme et l'humanité d'arriver à leur fin ; c'est qu'on peut être libre et misérable, et par conséquent qu'au delà de la liberté, il y a toujours le bien ou le mal qu'on s'est proposé d'atteindre avec son secours. Or, la propriété étant le souverain bien de ceux qui n'ont pas entendu cette parole : *bienheureux les pauvres* ; il s'ensuit que les révolutions anti-chrétiennes doivent tôt ou tard se résoudre en un bouleversement de la propriété.

Une autre raison les y pousse encore ; il est écrit que Jean, fils de Zacharie, « ayant su « dans sa prison les œuvres du Christ, en- « voya deux de ses disciples lui dire : Etes- « vous celui qui doit venir, ou faut-il que

« nous en attendions un autre? Et Jésus ré-
« pondit : Allez et annonçez à Jean ce que
« vous avez entendu et ce que vous avez
« vu. Les aveugles voient, les boiteux mar-
« chent, les lépreux sont guéris, les sourds
« entendent, les morts ressuscitent, *les pau-
« vres sont évangélisés* (1). » Ainsi, le Sauveur du monde rangeait parmi les preuves de sa mission, à l'égal des plus grands miracles, la prédication de l'Évangile aux pauvres, et, en effet, depuis ce jour-là, l'instruction et le soulagement des pauvres a été l'une des merveilles permanentes du christianisme, le signe le plus éclatant de sa divinité, celui que l'erreur, obligée de la contrefaire, n'a jamais imité qu'à sa confusion. Un jour peut-être l'Ante-Christ ressuscitera des morts; mais ce qu'à coup sûr il ne fera pas, c'est que *les pauvres soient évangélisés*, et à mesure que le monde, penchant vers sa ruine, fera de nouveaux essais pour échapper à la loi de son rédempteur, le sort des pauvres, c'est-à-dire de l'humanité, devenu plus à plaindre, attestera aux générations dernières que le Dieu des chré-

(1) Évangile de saint Matthieu, XI, 3 et suiv.

tiens était le Dieu unique et bon. Ce caractère du christianisme a exercé une telle action sur l'esprit des peuples, qu'aucune révolution religieuse et politique ne saurait être durable, dans les temps modernes, si elle ne rend pas meilleure la condition de la multitude. Or, qu'est-ce que la liberté pour la multitude, depuis que l'esclavage, sous ses diverses formes, a été successivement aboli dans la chrétienté, par la force toujours agissante de ces grandes paroles apostoliques : « Il n'y a plus de Juif ni « de Grec, plus d'esclave ni de libre ; plus « d'homme ni de femme ; car vous n'êtes tous « qu'un en Jésus-Christ (1). » Que fait au pauvre une loi électorale qui ne le rend point électeur, faute d'argent ; une loi du jury qui ne le rend point juré, faute d'argent ; une loi municipale qui ne l'appelle point aux conseils de sa commune, faute d'argent ; une loi sur la presse qui ne lui permet pas d'écrire ni de comprendre ce qu'on écrit, faute d'argent ? Que fait au pauvre une liberté qui l'exclut de tout, précisément parce qu'il est pauvre ? Que lui fait l'admission égale aux emplois, la concurrence

(1) Saint Paul aux Gal., 3, 28.

illimitée entre les citoyens, lui qui manque des premiers élémens nécessaires pour concourir en quoi que ce soit? Car l'argent est le moyen de tout, le prix de tout, la mesure de tout, et le pauvre n'en a pas, et justement parce qu'il n'en a pas il ne peut en acquérir, sauf le hasard, et il est une loi qui a condamné l'immense majorité des hommes à n'en point avoir.

Cependant le peuple qui est l'instrument des révolutions a besoin d'y gagner quelque chose, et les révolutions anti-chrétiennes ont besoin de faire gagner quelque chose au peuple, afin qu'il ne s'aperçoive pas que les pauvres ne profitent qu'avec Jésus-Christ. La loi agraire des anciens n'était qu'une convoitise; la loi agraire des modernes est une lutte contre le christianisme. Quand on a ôté aux hommes la croyance en cette parole : *Bienheureux les pauvres*; et qu'on a détruit les œuvres innombrables par où s'accomplissait cette autre parole : *Les pauvres sont évangélisés*; il faut bien combler cet abîme. La première révolution le combla comme elle put, avec les biens de la noblesse et du clergé, et avec la loi qui établissait dans les familles le partage égal des successions; mais le gouffre a eu bientôt dévoré cette proie :

bientôt dévoré cette proie

de la pâture même qu'on lui a jetée, il est sorti une race de prolétaires plus nombreuse, plus affamée; elle crie à son tour, elle demande sa part, elle la demande à ceux-là qui en sont aujourd'hui les seuls détenteurs, à ceux qu'elle nomme avec un si effrayant mépris des *bourgeois*.

Qu'est-ce en effet pour les prolétaires, qu'un bourgeois ? C'est l'héritier des évêques, des abbés, des seigneurs. C'est un seigneur avare, amassant pour les siens, n'ayant plus de peuple et plus d'amour. C'est un abbé qui ferme au pauvre la porte du monastère, en lui jetant tout au plus un vil morceau de pain, au lieu de lui ouvrir, de le réchauffer, de le servir à table, puis de mener son noble hôte dans l'église parée et illuminée, au milieu des saints, de la musique et de l'encens, afin de l'enivrer d'un peu de joie, et qu'il continue son pélerinage en louant Dieu. C'est un évêque prévaricateur, qui a tué à plaisir, dans le cœur du pauvre, la foi, l'espérance et la charité dont se nourrissait le pauvre, le seul bien qu'eût le pauvre, et qui l'empêchât de porter envie aux plus heureux que lui. Comment la propriété n'eût-elle pas été exposée, dans de telles mains, à de nouveaux bouleversemens? Comment la question de la liberté, plus qu'insignifiante aujourd'hui pour le peuple, ne se serait-elle pas transformée en une guerre civile entre ceux qui possèdent et ceux qui ne possèdent pas, entre les prolétaires et les bourgeois? Ce péril était inévitable, et la révolution de 1830, en le dévoilant, a mis à nu toute l'impuissance sociale du dix-huitième siècle.

A ce vaste naufrage de choses, il faut joindre une ruine non moins grande, non moins triste pour ceux qui avaient mis leurs espérances hors de l'Église catholique, dans les seules forces de l'humanité; je veux parler du renversement subit de toutes les réputations populaires acquises pendant les seize années de la restauration. Depuis le prince jusqu'à l'éditeur de journal, nul nom n'est resté comme il était; la victoire qui agrandit tout a rabaissé cette fois les victorieux. On a vu l'erreur se trahir dans les actions des hommes aussi bien que dans la marche de la société. Où sont les orateurs qui remuaient la France? Où sont les politiques renommés? Ces philosophes qui rassemblaient la jeunesse autour de leurs chaires, que sont-ils devenus? Ceux qui nous disaient l'avenir avec orgueil, qui pleuraient avec tant d'éloquence le Vatican tombé (1), parce que ç'avait été une grande chose dans le passé de l'homme, où sont-ils ? Ils ont disparu comme Alexandre à Babylone, dans un festin ; ils tenaient la coupe où le genre humain devait boire après eux, tant elle était profonde, la coupe d'une alliance nouvelle, d'une vie inconnue auparavant ; on leur a dit : Buvez. Où sont-ils ? Les langues se sont confondues sur leur tombeau, comme autrefois à Babel, et ils ont fait comprendre aux interprètes de la parole divine le sens mystérieux de cette histoire placée par la Bible au berceau des sociétés. C'est l'histoire de l'éternelle misère des hommes qui aspirent par leurs propres forces à la perfection, qui mettent de la pierre sur de la boue, de la boue sur de la pierre, et qui appellent cela du nom fastueux de progrès. Dieu du haut du ciel où ils espèrent atteindre, regarde leur ouvrage avec compassion, puis un jour il brise l'orgueil des descendans là où il a brisé l'orgueil des pères.

Faites silence : laissez venir à votre cœur le bruit du monde tel qu'il est aujourd'hui.

(1) L'ancien *Globe*.

Qu'entendez-vous ? Des voix confuses qui s'appellent sans jamais se répondre; des monologues innombrables dans une foule pressée et béante; le cri de l'homme perdu, le soir, au milieu du désert; des voyageurs sans but qui se disent : allons; des cœurs las avant d'avoir vécu; des bouches taciturnes qui n'ont que deux mots : peut-être! hélas! Nulle harmonie, nulle unité quecelle de la plainte. Si encore il y avait des champs de bataille où l'on pût se tuer avec quelque gloire; s'il y avait des révolutions qui, en donnant des craintes à la vie, lui donnassent quelque intérêt; s'il y avait du sang, de la débauche, des amphithéâtres, des gladiateurs, quelque chose qui nous empêchât de sentir, dans le vide de notre cœur, la grâce du ciel qui y tombe malgré nous! Mais non, la société nous emporte d'un mouvement froid et comme régulier, malgré ses catastrophes, et la littérature seule, expression de notre démense, évoque autour de nous un monde à notre gré.

Tel est le résultat du dernier triomphe remporté par le dix-huitième siècle. L'église de France, toujours gouvernée par les mêmes lois, dans l'ordre civil, n'a rien gagné ni rien perdu sous ce rapport; mais elle a gagné tout ce que l'erreur a perdu de forces morales. Le plan divin à son égard, ou plutôt à l'égard de la religion, s'est dévoilé de plus en plus. C'est, en grande partie, le même plan qu'avant la venue de son fils unique sur la terre, Dieu avait employé pour préparer le salut du genre humain. *Dans les siècles passés*, dit saint Paul, *Dieu laissa toutes les nations suivre leurs voies* (1); il leur donna quatre mille ans pour disposer du monde selon leur orgueil; il permit aux conquérans, aux législateurs, aux sages, d'exercer sur les hommes le pouvoir de la force et de la persuasion; il eut soin qu'aucune circonstance heureuse ne leur manquât, et personne n'ignore à quel degré de culture les esprits parvinrent dans l'antiquité. Cependant plus les nations s'enfonçaient *dans leurs voies*, plus elles s'y perdaient. Ni la force, ni les lois, ni la raison n'avaient pu réunir et consoler l'humanité : la force avait produit l'empire romain comme son plus grand ouvrage, et rassemblé presque tous les peuples connus en un vil troupeau, sous des maîtres

(1) Actes des Apôtres, 14, 15.

insolens, qui devaient un jour devenir des monstres par l'impuisssance de soutenir sans aveuglement le poids de leur fortune; les lois, protectrices partout de la servitude, n'avaient établi aucun ordre durable et universel; la raison, élevée aussi haut qu'elle avait pu l'être par de grands hommes, n'avait formé que des écoles passagères et contradictoires, rien fait pour les mœurs, et bientôt poussée à bout, elle était allé se perdre dans un doute irremédiable. Tant de misères avaient averti le monde qu'il n'était pas dans son état naturel; Dieu s'était révélé à lui par son absence même, il était devenu, selon la prophétie de Jacob mourant, *l'attente des nations*. Quand donc arriva le moment marqué par la Providence pour l'accomplissement du sacrifice, dont le sang, destiné au salut de tous, devait inonder le passé et l'avenir, les hommes levant déjà vers Dieu leur tête humiliée, étaient disposés à recevoir la grâce et la vérité. Cela ne veut pas dire que tous fussent dans un état convenable pour croire à l'Évangile, mais seulement que la pente générale était vers la foi. Beaucoup de philosophes embrassèrent le christianisme, et saint Justin, l'un d'eux, nous a expliqué dans l'histoire de sa conversion, les causes qui entraînaient alors la philosophie vers Dieu.

Il y a des hommes divins, disait-on à ces hommes lassés de leurs recherches infructueuses; il y a des hommes divins qui, dès l'origine du monde, ont conversé avec Dieu, et prédit de siècle en siècle des choses qui s'accomplissent aujourd'hui: on les appelle prophètes. Prenez et lisez. La simple comparaison de cette parole divine avec la parole humaine faisait tomber à genoux le philosophe de bonne foi. Les deux œuvres ayant été presque totalement séparées, l'on voyait bien Dieu et l'on voyait bien l'homme.

Long-temps le souvenir de cette comparaison était resté présent à tous les esprits; long-temps le Christianisme garda sans contestation sa souveraineté. Mais à la fin les peuples, qui voyaient tous les jours de plus loin leur rédemption, se persuadèrent qu'il était possible de conserver les bienfaits du Christianisme en cessant d'être chrétiens. Ils nièrent même ces bienfaits, et accusèrent le Sauveur des hommes de tous les maux de l'humanité. Ils se promirent que l'ère de la raison était venue, que le Christ en avait durant des siècles retardé l'aurore, mais qu'enfin l'avenir et la vérité l'emportaient sur lui. A ce moment, s'il est permis de le dire sans blasphême, Dieu se trouva comme embarrassé. Il fallait qu'il se retirât de ces générations superbes, et qu'il les laissât s'agiter dans leur néant; car Dieu, qui donne tout à l'homme et qui ne reçoit rien de lui, ne peut souffrir l'orgueil. Mais comment se retirer une seconde fois du monde? N'avait-il pas mis son Église dans le monde avec des promesses d'immortalité? N'avait-il pas dit : *Tu es Pierre, et sur cette pierre je bâtirai mon Eglise, et les portes de l'enfer ne prévaudront pas contre elle?*

Avant ces paroles de la nouvelle et éternelle alliance, il lui avait été facile de *laisser les nations suivre leurs voies;* car, bien qu'elles eussent emporté les traditions primitives et patriarchales, aucune autorité vivante, infaillible, n'en conservait la pureté originelle dans leur sein. Elles pouvaient les perdre en grande partie, soit par le seul effet du temps sur leur mémoire, soit par une volonté corrompue, soit par les interprétations successives et infinies des esprits. C'était un vaste protestantisme qui n'avait pas même de Bible.

Mais la constitution divine de l'Église catholique ne permettait plus aux peuples de s'enfoncer si avant dans la dégradation. Contraint de respecter sa parole, Dieu prit un autre moyen de s'absenter, autant qu'il était possible, d'une société qui le méconnaissait : il accorda à ses ennemis de prévaloir, eux et leurs principes, dans le gouvernement des affaires humaines. L'Église, dépouillée presque par toute l'Europe, chassée des conseils publics, chargée de liens, espèce d'étrangère importune, fut réduite à ce qu'il lui fallait de vie pour ne pas faire mentir les oracles divins, et pour assister au grand spectacle qui devait une seconde fois révéler aux hommes l'immensité de leur impuissance. Déjà cette manifestation a commencé, ainsi que nous l'avons vu. Combien de temps, combien d'épreuves seront nécessaires pour l'achever? Quand viendra le jour où les peuples et les rois, reconnaissant leurs erreurs, rebâtiront ensemble Jérusalem démolie? Nul ne le sait. Notre devoir est d'agir comme si ce devait être le jour de demain.

L'Église de France, qui a eu une part illustre dans les malheurs de la vérité, semble destinée à avoir une part illustre aussi dans le rétablissement de la foi. Les révolutions qu'elle a subies n'ont servi qu'à étouffer dans son sein les erreurs des siècles précédens. Purifiée par la persécution, elle a mis ses adversaires, impuissans à la corrompre, dans la nécessité de la laisser vivre ou d'anéantir avec elle tout ordre et toute société. Elle n'a point eu, comme l'Église d'Angleterre, à traverser des siècles d'oppression avant d'entrevoir la lumière lointaine de sa délivrance; et, quoiqu'elle ne jouisse pas de toute sa liberté, il s'en faut bien, elle a du moins celle qu'on n'ôte jamais à la vérité lorsqu'elle n'est pas trahie par ses défenseurs naturels. Les grands écrivains que Dieu lui a suscités, et qui ont élevé jusqu'à présent les seuls monumens durables de la littérature française au dix-neuvième siècle, sont encore une marque des desseins de Dieu à son égard. Dieu n'envoie des hommes capables d'entraîner les intelligences vers le bien qu'aux nations qu'il veut sauver; et, sous un autre rapport, là où l'on voit paraître les esprits supérieurs, c'est un signe que la pensée humaine penche de ce côté. Le génie n'est qu'une avant-garde : il se montre le premier, voilà tout; semblable à l'oiseau voyageur qui précède la colonie de ses frères, mais emporté lui-même par le mouvement général de l'émigration. Il eût été impossible au dix-huitième siècle de produire M. de Chateaubriand, M. de Bonald, M. de Maistre, M. de La Mennais, M. de Lamartine, comme il était impossible au nôtre de produire Voltaire et Rousseau. Le vent qui apporte au monde les bons ou les mauvais génies a donc changé. C'est une remarque facile à vérifier pour les autres pays de l'Europe, mais qui est plus sensible en France, parce que la France, ayant été plus vite et plus loin dans l'erreur, a touché la première à la borne extrême où l'esprit humain égaré commence à découvrir, comme une terre nouvelle et comme des cieux nouveaux, l'antique vérité. La France ne peut que se répéter en fait d'erreurs : or il n'y a qu'une chose qui se répète éternellement, sans cesser d'être neuve et féconde, la vérité. Par conséquent, l'Église de France a encore, sous ce point de vue, un avantage sur les autres Églises du continent. Celles-ci luttent contre le protestantisme ou contre une incrédulité qui n'a pas été victorieuse et maîtresse jusqu'aujourd'hui; l'Église de France, qui a échappé au protestantisme, et précisément parce qu'elle y a échappé, s'est trouvée de bonne heure aux prises avec les incrédules, a perdu dans le combat son sang et son patrimoine; et maintenant, sortie de ses cendres, toute jeune et toute vierge, elle n'a plus à vaincre qu'une erreur usée par la victoire, sibylle à demi morte, qui a oublié la langue de l'avenir. Enfin la France étant, par sa position, par sa littérature, par son caractère, par sa puissance et ses révolutions, le foyer le plus actif de l'esprit humain, son Église emprunte nécessairement de là une importance qui a sans doute contribué aux grâces infinies qu'elle a reçues de Dieu depuis quarante ans.

Cette situation impose au clergé français de grands devoirs. Il n'a pas seulement à répondre du troupeau qui lui est confié, mais de l'influence qu'il peut exercer par la France sur le sort du catholicisme et du monde. Selon que la France, la fille aînée de l'incrédulité, se rapprochera de Dieu avec plus ou moins de lenteur, les destinées générales de la foi mettront plus ou moins de temps à s'accomplir. Or, bien que ce rapprochement dépende, en grande partie, de causes tout à fait étrangères à la volonté des hommes, bien que l'Église joue un rôle plus passif encore qu'actif dans la ruine de l'erreur, et que son immobilité seule, qui use et outrage les vains complots des plus puissans génies, soit un éternel moyen de progrès, cependant on ne peut nier non plus que les vertus et les talens du clergé ne concourent au développement de la vérité. Les hommes ont leur part dans tout ce que Dieu fait pour eux, quoiqu'ils n'aient pas la première part. C'est pourquoi le clergé français doit avoir toujours sous les yeux la grandeur de sa mission ; il le doit plus que jamais aujourd'hui qu'il est parvenu à un point de sa nouvelle existence décisif et très délicat.

Jusqu'à présent l'Église de France, ruinée par la révolution de 1789, a fait comme une mère de race royale qui a perdu ses enfans au service de la patrie, et qui se hâte de mettre au jour des rejetons de son sang. L'Église de France, à force de soins et de charité, avec un discernement bien plus admirable généralement qu'on ne le croit, est parvenue, en trente années, à repeupler le sanctuaire. C'est un chef-d'œuvre d'habileté et de la grâce de Dieu. Mais, en donnant aux peuples des pasteurs à la place de ceux qui avaient péri, elle ne pouvait encore, malgré ses desirs, leur donner des docteurs, si ce n'est en bien petit nombre, et réveiller la flamme des sciences divines, éteinte avec les martyrs qui en avaient été les derniers et illustres dépositaires. La prédication de l'Évangile, la distribution des sacremens, c'était là l'œuvre la plus pressée; il fallait y pourvoir. Aujourd'hui, quoique tous les vides ne soient pas encore comblés, cependant l'Église de France n'est plus sous l'empire d'une nécessité aussi absolue; la surabondance du clergé se laisse entrevoir çà et là; le flot des générations saintes monte autour de l'autel; une chose qui manquait à tous est née pour plusieurs, le temps. Dès qu'une Église a du temps, elle est forcée par là même de songer à la restauration des sciences religieuses, sous peine de manquer à son devoir, et, si elle ne le fait pas, elle s'expose aux plus grands dangers qu'une Église puisse courir. Il s'introduit dans son sein une multitude flottante d'esprits qui ne savent comment diriger leurs loisirs et leur activité. Inhabiles au saint ministère, parce que Dieu leur a inspiré une autre vocation, ils cherchent vainement le foyer où leur ardeur serait entretenue, purifiée, mise en usage par des travaux communs dans la voie catholique. Ils languissent ou s'exaltent isolément, il se sentent périr sans profit pour Dieu : et c'est déjà un profond malheur que la perte de tant d'intelligences capables d'exercer une action pour le bien. Mais on n'arrête jamais impunément les êtres dans le mouvement qui les emporte vers leur fin : le fleuve dont le cours a été suspendu, grossissant par l'obstacle même qu'on lui a opposé, brisera les digues impuissantes qui le retiennent captif; les esprits auxquels on n'a pas donné une issue régulière, se rencontreront tôt ou tard dans leurs recherches douloureuses, s'uniront avec une joie maladive, s'irriteront par le sentiment de leurs forces présentes et par le souvenir de leur inaction, et cette société sans règle tombera un jour comme la foudre long-temps amassée dans les nuages, sur une Église sans docteurs, qui n'aura pour se défendre que sa part dans les promesses générales de l'immortalité.

Ces réflexions ont été faites par tous les hommes qui s'occupent sérieusement de l'avenir du catholicisme en France. Plusieurs tentatives ont eu lieu pour la renaissance des études ecclésiastiques. M. Frayssinous, évêque d'Hermopolis, avait essayé pendant son ministère de créer un vaste établissement destiné à la culture des sciences sacrées. M. de Quélen, archevêque de Paris, a préparé, tant que sa fortune le lui a permis, les bases d'un établissement analogue. Feu M. le cardinal de Rohan, archevêque de Besançon, a laissé par son testament des fonds destinés à ce noble but. Mais il est une cause qui empêchait qu'aucune œuvre semblable obtînt dans l'Église de France un véritable succès. Les esprits y étaient profondément divisés sur des questions de la plus haute importance, et en particulier sur l'enseignement de la philosophie.

Un homme célèbre, avec lequel nous avons eu des rapports, troublés depuis par les vicissitudes des temps, avait voulu élever sur les ruines de tous les anciens systèmes philosophiques une philosophie nouvelle, destinée, selon son opinion, à sceller, dans leurs fondemens mêmes, l'alliance de la foi et de la raison. Cette philosophie, repoussée par le corps épiscopal, avait fait néanmoins de nombreuses conquêtes parmi les ecclésiastiques du second ordre. D'autres discussions s'étaient jointes à celle-là, et il en était résulté une situation d'une douleur inexprimable. Les évêques rencontrant partout une puissance doctrinale étrangère à la leur, sur laquelle ils n'avaient aucune prise, et qui causaient des dissensions violentes dans le clergé, avaient conçu une défiance naturelle contre le mouvement des esprits; ils craignaient justement, s'ils fondaient quelque chose dans l'ordre scientifique, que la direction ne passât en d'autres mains que les leurs, ou que le défaut de coopération d'hommes de mérite ne ruinât leurs efforts. Ces considérations les avaient portés, soit directement, soit par instinct, à se borner au rôle de pasteurs et de gardiens de la foi, qui est, en effet, leur premier devoir. D'un autre côté, l'école, qui aspirait, par ses seules forces, au gouvernement des intelligences, luttait en vain contre une invincible difficulté, celle de fonder quelque chose dans une Église indépendamment de l'autorité épiscopale. Elle ne pouvait parvenir qu'à engendrer des opinions. Il y avait donc, de part et d'autre, dans l'ordre scientifique, un défaut nécessaire de fécondité. Et dans quel moment! Lorsque l'Église de France passait de la jeunesse à la virilité, au moment le plus critique de ses nouvelles destinées, à l'âge où la force a besoin de se répandre, et n'est pas encore réglée par une raison d'une sève égale. Qui dira ce que nous avons tous souffert? Notre volonté flottante entre nos évêques immobiles sur leurs siéges, et les hommes qui nous entraînaient par la magie de leur puissance privée; notre besoin de fortes études, et le désespoir de le satisfaire; notre désir sans bornes d'une union troublée dans ses fondemens; le sentiment du bien à faire, et l'impossibilité de l'accomplir; la défiance, les soupçons, les abattemens, puis le siècle grandissant à côté de nous, tantôt plein de menaces, tantôt poussé vers Dieu par des expériences formidables; et nous, au lieu de l'instruire, malheureux proscrits de la veille, enfans des saints, morts pour la vérité, nous usant à des discussions dont nous ne savions qu'admirer le plus de leur charme ou de leur malheur!

Cette situation a duré quatorze ans.

Hier encore (1) l'école dont nous parlons subsistait. Affaiblie et divisée par une parole sortie

(1) 1er mai 1834.

du siége apostolique, elle avait néanmoins conservé un chef et des disciples. L'affection, les souvenirs, la douleur, le respect, mille nobles sentimens la tenaient encore rassemblée et comme vivante, quoiqu'elle fût loin de ce qu'elle avait été.

Aujourd'hui nous pouvons annoncer que cette école, que nous avions quittée dès longtemps, n'existe plus, que toute communauté de travaux est rompue entre ses anciens membres, et que chacun d'eux, fidèle à ce que son cœur lui demandera d'égards envers le passé, ne connaît d'autre guide que l'Église, d'autre besoin que l'union, d'autre ambition que de se presser autour du Saint-Siége et des évêques que sa grâce et la miséricorde divine ont donnés aux chrétiens de France. Nous n'apprécierons pas l'événement (1) qui donne lieu à cette déclaration : l'Église et la postérité le jugeront. Pour nous, qui avons contribué autrefois à l'exaltation des esprits, nous avons cru devoir à nos frères, dans ces douloureuses circonstances, d'élever la voix, non pour les affermir, non pour leur dire

(1) Les *Paroles d'un croyant.*

de ne rien craindre, non pour nous montrer plus forts et plus grands qu'eux, mais pour leur dire le fond de notre cœur. Acteur dans tout ce qui s'est passé, initié à tous les secrets de cette affaire, nous rendrons témoignage à Dieu, à son Église, à l'Église romaine en particulier, jusqu'à notre dernier soupir.

—

CHAPITRE PREMIER.

Exposition du système philosophique de M. de La Mennais.

Cent quatorze ans avaient passé sur la tombe de Bossuet, cent trois ans sur celle de Fénelon, soixante-seize ans sur celle de Massillon, le seul des hommes célèbres que Louis XIV eût oublié derrière lui, lorsqu'il jeta sur son règne ce regard suprême dont a parlé M. de Châteaubriand, pour s'assurer qu'il emportait le reste *des splendeurs de la monarchie.* Massillon fut laissé par lui au siècle incrédule qui allait s'ouvrir comme un reproche doux et ingénieux, afin qu'il fût dit un jour que les derniers sons éloquens de l'ancienne Église de France étaient sortis d'une bouche qui avait annoncé la parole de Dieu à Louis XIV. Après que la mort eut fait taire cette bouche harmonieuse, l'Eglise de France eut encore des hommes distingués, des savans, des controversistes, des prédicateurs; elle n'eut plus de ces noms qui vont loin dans la postérité. Au moment même de sa ruine, l'abbé Maury manqua une gloire élevée, parce qu'il n'avait qu'infiniment d'esprit, et que la gloire vient du cœur *comme les grandes pensées*. Il y avait donc soixante-seize ans qu'aucun prêtre catholique n'avait obtenu en France le renom d'écrivain et d'homme supérieur, lorsque apparut M. de La Mennais, avec d'autant plus d'à-propos que le dix-huitième siècle avait tout récemment repris les armes. Son livre, destiné à le combattre, était une résurrection admirable des raisonnemens antiques et éternels qui prouvent aux hommes la nécessité de la foi, raisonnemens rendus nouveaux par leur application à des erreurs plus vastes qu'elles n'avaient été dans les siècles antérieurs. Sauf quelques phrases où le luxe de l'imagination annonçait une sorte de jeunesse qui rehaussait encore la profondeur de l'ouvrage, tout était simple, vrai, énergique, entraînant; c'était de la vieille éloquence chrétienne, un peu dure quelquefois. Mais l'erreur avait fait tant de mal, elle se reproduisait de nouveau avec tant d'insolence, malgré ses crimes et sa nullité, qu'on prenait plaisir à la voir châtiée par une logique de fer. L'enthousiasme et la reconnaissance n'eurent pas de bornes ; il y avait si long-temps que la vérité attendait un vengeur ! En un seul jour, M. de La Mennais se trouva investi de la puissance de Bossuet. L'Europe attendit la continuation de son ouvrage. Il n'avait encore établi que l'importance et la nécessité de la foi. Mais où était la foi véritable ? Comment parvenir à la discerner ? Quelle était l'autorité régulatrice de la raison humaine ? Voilà les questions qui restaient à résoudre et dont la solution, impatiemment désirée, devait causer plus tard de si profonds dissentimens.

Après deux ans d'attente, le second volume de l'*Essai sur l'indifférence* fut publié. Rien ne peut peindre la surprise qu'il produisit. Des hauteurs de la défense antique de la foi, du sein de l'éloquence qu'il avait répandue par flots contre les ennemis de la vérité, M. de La Mennais était descendu aux discussions arides de la philosophie, à la question de la certitude, tout à la fois la plus claire et la plus obscure de l'esprit humain. Il faut dire comment cela s'était fait.

De même que la terre repose sur des fondemens profonds que l'œil de l'homme n'a pas vus, que sa main n'a pas touchés, mais dont nul ne doute, ainsi la raison humaine repose sur des principes immuables, universels, perpétuels, qui ne se démontrent pas, mais qui, étant notre nature même, ravissent et retiennent invinciblement notre conviction. Une fois l'homme assis sur cette base, comme la terre sur ses pôles, lui, être libre, astre souverain, n'est pas obligé de suivre dans les régions infinies de l'intelligence une route absolue. Il lui est permis de s'égarer, de se perdre, s'il le veut; porté par les points immobiles de la raison comme des roues sur leur axe, il peut s'enfoncer dans des espaces inconnus, y rouler sans règle et sans terme, et, semblable à ce fils d'un dieu, qui conduisait un jour le soleil, embraser le monde de ses folies. Cependant il existe une bonne route pour l'homme aussi bien que pour le reste de la création; le monarque n'est pas de pire condition que le sujet; l'intelligence et la liberté ne lui furent pas communiquées pour être des moyens d'égarement, mais pour donner à Dieu, leur auteur, des créatures qui le cherchassent avec amour dans les champs de l'infini. Il y a donc une bonne route pour l'homme : qui nous la montrera ? A quel signe la reconnaîtrons-nous ? Où est l'erreur, où est la vérité ?

Deux réponses ont été faites à l'homme. La Religion lui a dit : « Ne t'enquière pas si loin du vrai. Tu appartiens à deux ordres de choses que tu dois successivement posséder, les choses visibles et les choses invisibles. Quant aux premières, regarde-les, touche-les, éprouve-les ; tu n'as besoin que de patience pour les connaître et t'en servir. Quant aux secondes, où tes yeux n'aident pas ton esprit, le Dieu bon qui t'a créé te les a manifestées, il t'a rendu un témoignage visible des choses invisibles : regarde, touche, éprouve, adore ce témoignage et suis-le. O homme ! voilà ton sort et ta loi : tu passes dans les choses visibles en croyant les choses invisibles, et tu emportes au tombeau l'espérance immortelle de voir ce que tu as cru. » La philosophie lui a dit à son tour : « La vérité c'est ce qui est, l'erreur ce qui n'est pas. Ce qui n'est pas est sans formes, sans lumière, insaisissable, ne peut jamais présenter à l'esprit aucune idée claire, y empreindre aucune image nettement dessinée. Toutes les fois donc que l'esprit voit quelque chose clairement et nettement, ce qu'il voit n'est pas l'erreur, c'est la vérité : l'*évidence* est le caractère qui distingue le vrai du faux. Est-il évident qu'il existe un Dieu créateur du ciel et de la terre? Les sages sont partagés: les uns l'affirment, les autres le nient. Est-il évident qu'il existe dans l'homme une âme spirituelle et immortelle? Les sages sont partagés : les uns l'affirment, les autres le nient. Est-il évident qu'après la mort Dieu punit les méchans et récompense les bons? Les sages sont partagés: les uns l'affirment, les autres le nient. O homme! voilà ton sort et ta loi : tu passes dans les choses visibles en doutant des choses invisibles, et tu emportes au tombeau l'énigme insoluble de toi-même. » Telles sont les deux routes que la Religion et la philosophie ont tracées à la raison de l'homme, dans l'espace où se meut sa liberté. La Religion a uni par des faits le monde visible et le monde invisible; la philosophie a prétendu passer de l'un à l'autre par des raisonnemens. La Religion a rapproché les hommes et gouverné le monde; la philosophie a divisé les intelligences et régi des écoles. Du reste, séparées par leurs méthodes, elles l'ont presque toujours été dans leur histoire, et la philosophie n'a jamais porté le joug de la Religion qu'en faisant des efforts pour s'affranchir.

Or, ce sont ces deux puissances jalouses que M. de La Mennais, par un hardi dessein, a tenté de réduire à une seule, non pas en détruisant l'une ou l'autre, mais en les contraignant de partir du même point, de suivre une même voie, quoique sans se confondre, et de se rejoindre enfin dans un foyer commun, comme les deux branches d'une ellipse. De même que la Religion est née de la parole divine, qu'elle repose sur des faits, qu'elle est une autorité, qu'elle a une Eglise enseignante et infaillible, M. de La Mennais a voulu que la philosophie naquit de la parole divine, reposât sur des faits, fût une autorité, eût une église enseignante et infaillible; il a voulu que ces deux organes infaillibles de la vérité, disant au monde les mêmes choses, eussent été réunis par le Christ dans une indissoluble et éternelle unité.

La philosophie, a-t-il dit, représentée par Descartes, dans les temps modernes, a établi que l'*évidence* était le caractère distinctif du vrai; cela n'est pas ainsi. L'évidence est une marque si trompeuse, que toutes les erreurs se propagent en son nom ; que chacun l'invoque en faveur des jugemens les plus contradictoires : si le oui et le non sont évidens à la fois pour diverses personnes, comment l'évidence serait-elle le caractère distinctif du vrai ? Il est, en outre, d'expérience, que le même homme, à diverses époques de la vie, change de manière de voir, qu'il trouve clair ce qui lui avait paru obscur, et obscur ce qui lui avait paru clair : si le oui et le non sont évidens tour à tour dans un même esprit, comment l'évidence serait-elle le caractère distinctif du vrai ? Le vice radical de la philosophie est de supposer que la raison de chaque homme se suffit à elle-même, qu'elle a sa règle en soi, qu'elle est indépendante, souveraine, juge en dernier ressort de l'erreur et de la vérité, du bien et du mal. Dès qu'on a donné à la raison privée une si prodigieuse puissance, faut-il s'étonner si elle détruit et édifie à son gré, si rien n'est stable dans son histoire que la succession des ruines, si l'homme croit ce qu'il veut et méprise ce qu'il veut ? Sans doute la vérité est ce à quoi adhère la raison humaine, mais ce à quoi elle adhère partout et toujours, ce sur quoi elle n'a varié en aucun lieu et en aucun temps ; l'*universalité* et la *perpétuité*, voilà le caractère distinctif du vrai. Or, où est l'universalité, sinon dans les croyances de tous les peuples? Où est la perpétuité, sinon dans les croyances de tous les siècles ? Où sont tous les peuples et tous les siècles, sinon dans le genre humain? Le genre humain est donc le dépositaire de la vérité, il en est l'oracle infaillible ; car s'il se trompait une seule fois, l'universalité et la perpétuité ne seraient pas le caractère distinctif du vrai, la vérité ne serait ni dans chaque homme ni dans tous les hommes, elle ne serait nulle part. Et quiconque refuse son assentiment à la raison générale de ses semblables, quiconque préfère sa pensée à la pensée de tous les peuples et de tous les siècles, celui-là est un insensé qui nie sa propre raison, en niant celle de l'humanité ; il sort de l'Église des intelligences, il se perd par un orgueil qui n'a point de bornes et point d'excuse.

Cela posé, quelles sont les croyances du genre humain? Il croit non seulement à ces maximes premières et indémontrables qui sont la base de toutes les sciences, mais encore à l'existence d'un Dieu, créateur des choses visibles et invisibles, auquel l'homme, son ouvrage, doit un culte d'adoration. Il croit au bien, au mal, à la punition du mal, à la récompense du bien. Il croit que l'homme, aujourd'hui malheureux et corrompu, n'est pas sorti tel qu'il est des mains du Dieu très bon, mais qu'une violation coupable des lois divines a dégradé sa nature première. Il croit qu'un réparateur lui fut promis, qui devait par un grand sacrifice, dont les victimes immolées sur les autels des nations n'étaient que l'image, réconcilier l'homme avec Dieu; il attendit, il salua de loin ce réparateur, et ce réparateur est venu, puisqu'il a cessé de l'attendre; et l'Église catholique recevant de nouveau par le Christ la parole de Dieu, qui était la source primitive de ces traditions universelles et perpétuelles, a confirmé la foi du genre humain; et le genre humain se confondant avec l'Église catholique répandue par tout l'univers, pour ne plus faire avec elle qu'une voix, cette voix annonce au monde qu'il n'y a qu'une vérité, qu'un Dieu d'où elle sort, qu'un moyen de la connaître : la soumission de l'homme à la plus haute autorité visible.

Tel est le système sur lequel M. de La Mennais édifia toute la défense du Christianisme, et qu'il appela *philosophie du sens commun*. Elle partagea violemment les esprits dès son apparition. En vain, M. de La Mennais publia successivement une *Defense*, et deux volumes où il avait rassemblé des preuves de la tradition du genre humain, et de sa foi aux principaux dogmes du Christianisme; la division ne fit que s'accroître avec le temps et les débats publics.

Or, nous voulons dire notre pensée sur ce système qui nous a nous-même préoccupé dix ans.

Nous exposerons d'abord quelle est l'autorité réelle du genre humain, celle qui ne lui a jamais été contestée dans l'Église.

Nous montrerons ensuite que ce n'est pas sur l'autorité du genre humain, mais sur l'autorité de l'Église, que la défense du Christianisme avait été établie jusqu'à M. de La Mennais, et qu'ainsi sa doctrine, antérieurement à tout examen, porte un caractère de nouveauté.

Enfin, après avoir recherché quel est l'usage que l'Église a fait constamment de la philosophie, nous examinerons si le système philosophique de M. de La Mennais est utile à la Religion, ou s'il ne la menace pas plutôt d'un grand danger.

—

CHAPITRE II.

De l'autorité du genre humain telle qu'elle était reconnue dans l'Église avant M. de La Mennais.

Il importe avant tout de connaître le degré d'autorité dont le genre humain a joui sans contestation, afin que le lecteur ne confonde pas dans son esprit ce qui est hors de doute avec ce qui est combattu, et qu'il saisisse sans embarras l'objet propre de la discussion.

Voici donc dans quelles limites l'autorité du genre humain a toujours été reconnue.

On a toujours admis comme base de la raison humaine les principes universels, perpétuels, indémontrables, qui sont le fond commun de toutes les intelligences, au-delà desquels il est impossible de remonter, et que nul ne nie sans se séparer de la communion des hommes, sans être hors d'état de les entendre et d'être entendu par eux, tels que ceux-ci : *le tout est plus grand que sa partie ; deux choses identiques avec une troisième sont identiques entre elles.* Soit qu'on appelât ces principes immuables du nom de *sens commun*, ou du nom d'*axiomes*, ou du nom de *premiers principes*, ou que les personnifiant, on attestât le *genre humain ;* c'était toujours l'expression de vérités placées hors de la région des controverses, les colonnes d'Hercule de l'esprit. Les docteurs chrétiens ne niaient pas plus que les autres cet ordre fondamental ; au contraire, ils prenaient les hommes comme ils sont, croyant à ce qu'ils ont toujours cru et à ce qu'ils croiront toujours, et, du sein des croyances nécessitées, ils s'efforçaient de les transporter dans le sein infaillible de l'Église catholique par des faits plus clairs que le jour, dont l'immense autorité n'exigeait, pour être saisie, aucun raisonnement, mais la simplicité d'un cœur de bonne foi.

En second lieu, outre les principes universels, perpétuels, indémontrables, que nul ne pouvait nier, au moins dans la pratique, sans être taxé de folie, on reconnaissait d'autres principes sacrés chez tous les peuples, que les philosophes pouvaient outrager dans leurs leçons, et même dans leur vie, sans être accusés d'avoir perdu la raison; mais non sans être accusés d'un crime envers la patrie et le genre humain. C'étaient l'existence de la divinité, le culte qui lui est dû, la différence du bien et du mal, les peines et les récompenses futures. La philosophie était libre d'insulter à ces grands faits sociaux, sans lesquels aucun peuple ne s'est établi et n'a vécu; mais la voix des hommes s'élevait contre un attentat toujours voisin des grandes ruines nationales, et les défenseurs de la foi sociale demandaient qu'est-ce qu'il y avait donc de certain et d'auguste sur la terre, s'il était permis de mépriser la concience universelle, et où était la voix de la nature et de Dieu, sinon dans la voix des peuples? Les docteurs chrétiens parlèrent de même. Mais ni les uns ni les autres ne concluaient de là l'infaillibilité du genre humain; il en résultait seulement qu'il existe dans l'ordre moral, aussi bien que dans l'ordre logique, un certain nombre de principes universels, perpétuels, immuables, qui sont la base des devoirs, comme les axiomes généraux sont la base de la raison. C'est ce qu'enseigne la théologie catholique, en disant qu'il n'y a pas pour l'homme d'ignorance invincible des premiers principes de la loi naturelle.

« Un Dieu créateur, qui possédant la plé-
« nitude de l'être et la source de la vie, a
« communiqué l'existence à tout ce qui com-
« pose cet univers ; un Dieu conservateur qui
« gouverne tout par sa sagesse, après avoir
« tout fait par sa puissance; embrassant tous
« les êtres dans les soins de sa providence uni-
« verselle, depuis les mondes étoilés jusqu'à
« la fleur des champs, sans être ni plus grand
« dans les moindres choses, ni plus petit dans
« les plus grandes ; un Dieu législateur su-
« prême, qui commandant tout ce qui est bien
« et défendant tout ce qui est mal, manifeste
« aux hommes ses volontés saintes par le mi-
« nistère de la conscience ; un Dieu enfin, juge
« souverain de tous les hommes, qui, dans la
« vie future, doit rendre à chacun selon ses
« œuvres, en décernant des châtimens au vice
« et des prix à la vertu : voilà une doctrine
« avouée par la raison la plus pure, dont la
« connaissance quoiqu'en des degrés bien dif-
« férens sans doute, est aussi universelle que
« le genre humain; que l'on trouve dans sa pu-
« reté chez les Hébreux, plus développée encore

« chez les chrétiens; qui a bien pu être obscurcie par les superstitions païennes, *jamais anéantie* chez aucun peuple de la terre (1). »

Enfin on trouvait répandues dans l'univers un certain nombre de traditions semblables entre elles, quoique diversement défigurées, qui n'appartenaient ni aux *croyances nécessitées*, ni aux *croyances sociales*, telles que l'espérance d'un réparateur futur; mais qui, par leurs analogies singulières, paraissaient venir d'une source commune, avoir eu un type primitif et divin. Platon et tous les philosophes religieux avaient fait un grand usage de ces débris qui flottaient dans la mémoire humaine, comme les planches d'un vaste naufrage. Ils s'étaient élevés par leur secours bien au dessus des pensées de leurs siècles, et ils avaient ainsi prouvé qu'en effet, ces débris étaient la poussière sacrée d'une sagesse perdue. Lorsque le christianisme parut au grand jour, il fut aisé de voir quelle avait été l'origine de ces traditions altérées; des pères de l'Église en firent le rapprochement avec les mystères contenus dans les livres saints; ils pénétrèrent leur enveloppe

(1) M. Frayssinous, *Conférence sur le culte en général.*

plus ou moins grossière, et l'on vit avec surprise que la parole divine n'avait péri nulle part tout entière, que le christianisme était venu assez à temps pour que le monde eût encore conservé quelques traces de la lumière originelle. « Depuis le commencement du genre hu-
« main, dit saint Augustin, le Christ n'a ja-
« mais cessé d'être prédit, là plus obscuré-
« ment, ici avec plus d'éclat, selon l'appré-
« ciation que Dieu a faite des temps, et il n'a
« jamais manqué d'hommes qui crussent en lui,
« d'Adam jusqu'à Moïse, ensuite dans le peu-
« ple d'Israël, qui fut par un mystère parti-
« culier la nation prophétique; et aussi *dans*
« *les autres nations*, même avant qu'il se fût
« incarné. En effet, les saints livres parlent de
« plusieurs hommes, qui, dès l'époque d'A-
« braham, sans être de la race ni du peuple
« d'Israël, ni unis à ses destinées comme pro-
« sélytes, eurent leur part de ce grand mys-
« tère : pourquoi donc ne croirions-nous pas
« qu'il y en ait eu encore d'autres parmi les
« nations dispersées, quoique les mêmes au-
« torités n'en parlent pas? (1) » Mais tout en

(1) *Éclaircissement de six questions contre les Païens*, seconde question.

rassemblant ces traits de la vérité épars dans le monde, tout en trouvant là une nouvelle preuve de la révélation divine, puisque conservée par deux voies différentes, l'une pure et l'autre corrompue, elle avait en sa faveur un double témoignage, néanmoins les pères de l'Église ne prétendirent pas que le genre humain avait été et était le gardien infaillible des traditions, qu'elles ne pouvaient pas s'obscurcir, s'altérer, se perdre même dans ses mains. Ils n'ont rien dit de semblable; ils ont constaté un fait avec les moyens de connaître l'antiquité dont ils disposaient; ils ont interrogé les païens, les poètes, les sibyles, le ciel, la terre et les enfers sur le Christ; ils ont saisi le moindre soupir, le moindre son lointain qui semblait murmurer le nom du Sauveur des hommes, et ils ont fait de toutes les voix, de tous les bruits, de tous les gémissemens, de tous les siècles, un cantique étonnant et victorieux. Mais ils n'ont pas dit que les lèvres de l'humanité étaient inspirées, infaillibles, et le cantique n'était que plus beau sur des lèvres qui peut-être ne le comprenaient déjà plus, qui peut-être allaient le perdre si le souffle de Dieu ne fût venu le ranimer et le rendre immortel.

La part que l'Église a faite au genre humain est grande, comme on le voit. Elle ne lui a pas accordé ce qui n'appartient qu'à elle seule, une autorité enseignante et infaillible; mais elle a respecté en lui le *sens commun* et le *sens moral*, et elle s'est servie comme d'une contre-épreuve des traditions plus ou moins altérées que la Providence avait conservées dans son sein.

Il faut voir maintenant comment l'Église établissait sa propre autorité. Saint Augustin nous l'apprendra.

—

CHAPITRE III.

Que la nécessité d'une autorité enseignante et infaillible a toujours été la base de la défense du christianisme, mais qu'on plaçait cette autorité dans l'Église et non dans le genre humain.

« Comme il n'y a point de vie sainte et heu-
« reuse hors de la vraie Religion, dans la-
« quelle les hommes adorent un seul Dieu, et
« le reconnaissent, avec une piété chaste, pour
« le principe universel des choses, en qui tout
« est contenu, commence et se perfectionne,
« on voit clairement par là combien fut grande
« l'erreur des peuples qui aimèrent mieux ado-
« rer plusieurs dieux que le seul Dieu véri-
« table, maître de l'univers. Ce fut la faute de
« leurs sages, appelés du nom de philosophes,
« qui avaient à la fois des écoles où ils n'é-
« taient pas d'accord et des temples communs
« avec la multitude. Car les peuples ni les

« prêtres n'ignoraient pas la diversité de leurs « opinions sur la nature des dieux, puisque « chacun d'eux professait la sienne publique-« ment et sans crainte, cherchant à y rame-« ner tout le monde, autant qu'il le pouvait; « et cependant eux et leurs sectateurs, imbus « de sentimens si opposés, venaient ensemble « aux mêmes autels publics, sans que per-« sonne les en éloignât. Je n'examine pas « maintenant quel philosophe approcha le « plus de la vérité : je veux seulement remar-« quer, ce qui me paraît certain, que, dans « les temples, ils se soumettaient aux pensées « du peuple, et que, hors des temples, ils « enseignaient autre chose à ce même peuple.

« On dit pourtant que Socrate, plus hardi « que les autres, invoquait dans ses sermens « tout ce qui lui tombait à l'esprit, un chien, « une pierre, quoi que ce fût, voulant faire « entendre par là, si je ne me trompe, que « les ouvrages produits par la nature, sous le « gouvernement de la divine Providence, va-« lant mieux que ceux des hommes et des plus « habiles ouvriers, étaient plus dignes d'un « culte que les objets accoutumés de la Reli-« gion. Socrate ne pensait pas sans doute que

« les sages dussent adorer le chien ou la pierre « par lesquels il jurait; mais c'était une ma- « nière d'enseigner à ceux qui pouvaient le « comprendre que, dans la superstition pro- « fonde où les hommes étaient plongés, il « était bon de montrer au-dessus d'eux un « degré de raison qui, en les faisant rougir, « leur inspirât la honte de vivre dans un degré « plus méprisable encore. Il avertissait aussi « par là, de la bassesse de leurs pensées, les « philosophes qui prenaient le monde visible « pour le Dieu suprême, puisque, s'ils vou- « laient être conséquens avec leur doctrine, « ils devaient adorer la première pierre ve- « nue, comme une portion de la divinité, et « que, s'ils avaient horreur de cette consé- « quence, ils devaient changer d'avis et cher- « cher le Dieu unique, seul placé au-dessus « de l'intelligence humaine, créateur des âmes « et de l'univers. Vint ensuite Platon, plus « doux à lire que puissant pour persuader. « Car tous ces hommes n'étaient pas nés pour « convertir leurs peuples de la superstition « des idoles et de la vanité de ce monde au « culte du vrai Dieu. C'est pourquoi Socrate « lui-même vénérait, avec la foule, de vils si-

« mulacres; et, après sa condamnation et sa « mort, personne n'osa plus jurer par un « chien ni appeler une pierre du nom de « Jupiter, mais seulement conserver la mé- « moire de ces hardiesses à la postérité. « Etait-ce par crainte, ou par quelque dis- « cernement des temps? Il ne m'appartient « pas de le juger.

« Mais ce que je dirai avec confiance, pour « la paix de tous ceux qui gardent aux livres « de ces sages un amour opiniâtre, c'est « qu'aujourd'hui, dans les siècles chrétiens, « il n'y a pas de doute sur la Religion qu'il « faut embrasser, ni sur le chemin qui con- « duit à la vérité et au bonheur. En effet, si « Platon vivait et qu'il ne dédaignât pas d'être « interrogé par moi; ou plutôt si l'un de ses « disciples, au temps qu'il vivait, l'eût inter- « rogé, après avoir entendu de sa bouche que « la vérité ne se voit pas des yeux du corps, « mais par l'esprit; que toute âme qui s'y « attache devient heureuse et parfaite; que « les plus grands obstacles qui nous empê- « chent de la connaître sont une vie adonnée « aux voluptés et les fausses images des choses « sensibles, qui, transmises du monde ex-

« térieur et imprimées en nous par les sens,
« y engendrent les opinions et les erreurs;
« qu'ainsi l'âme doit d'abord être guérie, si
« elle veut contempler la forme immuable des
« êtres, la beauté une et éternelle, qui n'est
« point sujette aux variations des temps et des
« lieux, mais qui, toujours la même, bien que
« méconnue des hommes, subsiste seule vrai-
« ment et souverainement; que le reste naît,
« meurt, passe et change, empruntant de l'é-
« ternité de Dieu son existence mobile; et que,
« parmi tous ces êtres d'emprunt, il n'est que
« l'âme raisonnable, intelligente, qui ait reçu
« le don de contempler l'éternité divine, d'ê-
« tre affectée et ornée par elle, de pouvoir mé-
« riter une vie éternelle aussi; mais que, bles-
« sée par l'amour et la douleur des choses qui
« passent, livrée à l'habitude et aux sens, elle
« s'évanouit dans de vaines images et se mo-
« que de ceux qui lui disent qu'il y a quelque
« chose qui ne se voit pas de ces yeux-ci, qui
« ne se présente pas à la pensée sous une forme
« corporelle, qui ne se saisit que par l'intel-
« ligence toute seule : si, dis-je, un disciple
« de Platon, l'entendant parler ainsi, lui eût
« demandé : Jugeriez-vous digne des honneurs

« divins l'homme grand et sublime qui per-
« suaderait aux peuples de croire ce que vous
« dites, s'ils ne pouvaient le voir par eux-
« mêmes, ou qui arracherait ceux qui seraient
« capables de le comprendre aux opinions dé-
« pravées de la multitude et aux erreurs vul-
« gaires? Je crois que Platon eût répondu que
« cela n'était pas possible à un homme, si ce
« n'est peut-être à un homme né de la nature
« elle-même, comme d'une mère; éclairé dès
« sa naissance, non par les enseignemens des
« hommes, mais par une illumination inté-
« rieure; en qui la puissance et la sagesse de
« Dieu déposeraient tant de grâce, tant de
« courage, tant de majesté, que, méprisant
« tout ce que les hommes désirent, souffrant
« tout ce qu'ils ont en horreur, faisant tout
« ce qu'ils admirent, il entraînerait le genre
« humain à une foi si salutaire, à force d'a-
« mour et d'autorité; qu'à l'égard des hon-
« neurs qui lui seraient dus, la question était
« inutile, chacun voyant bien quels honneurs
« mérite la sagesse de Dieu, par laquelle cet
« homme accomplirait, pour le salut de l'hu-
« manité, quelque chose de si grand et de si
« au-dessus des hommes.

« Si donc cela s'est fait, si la mémoire en « subsiste glorieuse dans les livres et les mo-« numens, si d'une contrée du monde qui « seule adorait le Dieu unique, et où il con-« venait qu'un tel homme naquît, d'autres « hommes choisis et envoyés dans toute la « terre, y ont allumé par leurs vertus et par « leurs discours les flammes de l'amour divin; « si, établissant parmi les peuples une discipline « d'une haute perfection, ils ont laissé à leurs « descendans un monde éclairé; et, pour me « taire sur les choses passées, de peur que « quelqu'un ne les révoque en doute, si au-« jourd'hui on prêche à toutes les nations : « *Au commencement était le Verbe, et le* « *Verbe était en Dieu; il était au commence-* « *ment en Dieu; tout a été fait par lui, et rien* « *de ce qui a été fait n'a été fait sans lui.* Si, « afin que l'âme guérie comprenne cette pa-« role, l'aime et en jouisse, afin que la pointe « de l'esprit réparée plonge dans cette lumière; « on dit aux avares : *Ne vous amassez pas des* « *trésors dans le sein de la terre, où les vers* « *et la rouille les détruisent, où les voleurs* « *creusent et les enlèvent, mais amassez-vous* « *des trésors dans le Ciel où les vers et la*

« *rouille ne les détruisent pas, où il n'y a pas*
« *de voleurs qui creusent et les enlèvent, car*
« *où est votre trésor, là est votre cœur*; aux
« voluptueux : *Celui qui sème dans la chair,*
« *recueillera de la chair la corruption, celui*
« *qui sème dans l'esprit recueillera de l'esprit*
« *la vie éternelle*; aux superbes : *Celui qui s'é-*
« *lève sera humilié, et celui qui s'humilie sera*
« *élevé*; aux hommes colères : *Vous avez reçu*
« *un soufflet, présentez l'autre joue*; aux vin-
« dicatifs : *Aimez vos ennemis*; aux supersti-
« tieux : *Le royaume de Dieu est au dedans de*
« *vous-mêmes*; aux curieux : *Ne cherchez pas*
« *les choses qui se voient, mais celles qui ne se*
« *voient pas; car les choses qui se voient sont*
« *passagères, et celles qui ne se voient pas sont*
« *éternelles*; enfin à tous : *N'aimez pas le*
« *monde ni ce qui est dans le monde, car tout*
« *ce qui est dans le monde est concupiscence de*
« *la chair, concupiscence des yeux et ambi-*
« *tion du siècle !* »

« Si ces choses sont annoncées aux peuples
« par toute la terre, écoutées volontiers et avec
« vénération, si après tant de sang, tant de
« bûchers, tant de croix des martyrs, les
« Églises se sont multipliées jusque dans les

« régions barbares; si on a cessé d'admirer « des milliers de jeunes gens et de vierges qui « méprisent les noces pour vivre chastement, ce « que Platon ayant fait il craignit tellement l'o- « pinion corrompue de son siècle, qu'on dit qu'il « sacrifia à la nature, pour abolir la mémoire de « sa vertu comme celle d'un crime; si, au lieu « que c'était un prodige de disputer en faveur « d'une telle doctrine, c'en est un aujourd'hui « de disputer contre elle; si à ceux qui promet- « tent de la suivre, les mystères chrétiens sont « distribués chaque jour dans les diverses par- « ties de la terre; si chaque jour elle est lue « dans les Églises, expliquée par les prêtres; « si ceux qui s'efforcent de l'accomplir frap- « pent leur poitrine; si leur nombre est assez « considérable pour que des îles autrefois dé- « sertes, et les solitudes des continens soient « peuplées d'hommes qui ont abandonné les « richesses et les honneurs du monde, afin de « consacrer à Dieu leur vie; si dans les villes, « les châteaux, les bourgs, les champs, les de- « meures isolées, on persuade, on pratique « ouvertement le mépris des choses terrestres « et l'amour du vrai Dieu, et que chaque jour, « dans l'univers, le genre humain réponde

« comme avec une seule voix : *Nous avons nos « cœurs élevés vers le Seigneur*. Si tout cela est, « qu'hésitons-nous à rejeter cette débauche des « erreurs d'hier ? Que cherchons-nous encore « la parole divine dans ces troupeaux morts de « la philosophie? Et quand il nous faudra par- « ler de Dieu, aimerons-nous mieux avoir des « lèvres où retentira le nom de Platon, que « des poitrines tout enflammées de la vérité?

« Ceux qui trouvent vain et mauvais de mé- « priser le monde extérieur, de purifier l'âme « par la vertu, de la soumettre au joug de « Dieu, ceux-là doivent être réfutés par d'autres « raisons, si toutefois ils méritent qu'on dis- « cute avec eux. Mais ceux qui pensent le con- « traire, qu'ils connaissent donc Dieu, qu'ils « cèdent à Dieu, par qui on a persuadé aux « nations de croire ce qu'ils pensent. Ils le leur « eussent persuadé eux-mêmes, s'ils l'avaient « pu, et s'ils ne l'eussent pas fait, le pouvant, « c'eût été un crime envers l'humanité. Qu'ils « cèdent donc à celui par qui a été fait ce qu'ils « n'ont pu; qu'une sagesse curieuse ou un « vain orgueil ne les empêchent pas de recon- « naître la différence qui existe entre les con- « jectures timides d'un petit nombre d'hommes

« et l'éducation générale qui sauve les peu-
« ples. S'ils revivaient ceux dont nos philo-
« sophes se font gloire de porter le nom, et
« qu'ils vissent les églises pleines, les tem-
« ples déserts, le genre humain appelé et se
« précipitant de la passion des biens visibles et
« passagers à l'espérance de la vie éternelle,
« des biens spirituels et intelligibles, ils s'é-
« crieraient peut-être, si toutefois ils étaient
« tels que l'on dit qu'ils furent : voilà ce que
« nous n'avons osé persuader aux peuples; nous
« nous sommes assujettis à leurs coutumes plu-
« tôt que de les convertir à notre foi, et de les
« soumettre à notre volonté.

« C'est pourquoi, si ces grands hommes
« avaient pu recommencer leur vie avec nous,
« ils auraient discerné quelle autorité, de la
« leur ou de la nôtre, était la plus puissante
« pour le salut commun, et changeant peu de
« de choses à leurs discours et à leurs pensées,
« ils seraient devenus chrétiens, comme le
« sont devenus la plupart des Platoniciens de
« notre temps et du temps qui a précédé... (1).

« Maintenant je veux vous dire comme je le

(1) Saint Augustin, *De la vraie Religion*.

« pourrai, la route que j'ai suivie lorsque je « cherchais moi-même la vraie Religion, dans « l'esprit où j'ai exposé qu'elle devait être « cherchée. J'étais déjà plein de troubles et « d'hésitation, quand je me séparai de vous, « en passant la mer; je ne savais quelle doc- « trine retenir ou abandonner. Cette incer- « titude était devenue plus grande en moi « chaque jour, depuis que j'avais entendu « cet homme (1) qui nous avait été annoncé, « comme s'il fût venu du ciel dissiper nos dou- « tes, et que j'avais trouvé semblable aux au- « tres en tout, sauf une certaine éloquence. « Arrivé en Italie, j'eus au dedans de moi- « même une grande délibération et de grands « combats, non pour savoir si je resterais « dans la secte où je me repentais de m'être « engagé, mais pour discerner le chemin de « la vérité, à laquelle j'aspirais, vous ne l'a- « vez pas ignoré, avec tant d'amour et de gé- « missemens. Souvent il me paraissait impos- « sible de la découvrir, et j'étais emporté par « le flux et le reflux de mes pensées vers le « scepticisme de l'Académie. Souvent je con-

(1) Fauste, *Le Manichéen.*

« sidérais, autant qu'il était en moi, l'esprit « humain si vif, si investigateur, si pénétrant, « et je ne comprenais pas que la vérité lui de- « meurât cachée, si ce n'est parce que le mode « convenable pour la chercher était lui-même « caché en elle, et je pensais qu'il fallait ap- « prendre ce mode secret de quelque autorité « divine. Restait à savoir où était cette auto- « rité, puisque au milieu des dissensions de « l'hérésie, chacun l'invoquait en sa faveur. « C'était une forêt inextricable où je craignais « d'entrer, et cependant mon âme était agitée « sans aucun repos par la passion du vrai; je « me détachais toujours de plus en plus de ceux « que j'avais déjà résolu d'abandonner. Dans « un péril si grand, qu'avais-je à faire, qu'à « prier avec des larmes et avec la voix d'un « homme malheureux la divine Providence « de venir à mon secours? Je le faisais assidû- « ment. Quelques discussions publiques de l'é- « vêque de Milan m'avaient presque ébranlé, « au point que j'avais un désir, mêlé d'espé- « rance, de proposer des questions sur l'An- « cien Testament, que ma secte avait en exé- « cration, comme vous le savez. Je m'étais « aussi résolu d'être catéchumène dans l'Église

« à laquelle mes parens m'avaient donné dans « mon enfance, jusqu'à ce que j'eusse trouvé « ce que je voulais, ou que je me fusse per- « suadé qu'il était inutile de le chercher dé- « sormais. J'étais donc dans un état de docilité « très favorable pour être enseigné, en cas « qu'il y eût quelqu'un chargé du pouvoir « de l'enseignement. C'est pourquoi si vous « avez été agité long-temps comme moi par « le souci de votre âme, si vous êtes las d'être « balotté en vain, et que vous vouliez mettre « un terme à ce dur travail, suivez comme « moi la voie de la discipline catholique, qui, « venue du Christ jusqu'à nous par les apô- « tres, ira de nous à la postérité.

« Cela est ridicule, direz-vous, puisque tous « les hérétiques font profession de tenir la dis- « cipline catholique. Ils en font profession, « je ne puis le nier, mais en promettant à « ceux qu'ils séduisent de rendre raison des « choses les plus obscures; et leur principale « accusation contre l'Église catholique est « qu'elle commande la foi à ceux qui entrent « dans son sein, tandis qu'ils se glorifient de « ne pas imposer le joug de la foi, mais d'ou- « vrir les sources de la science. Quelle plus « grande louange, direz-vous, pouvais-je leur

« donner? Non, ce n'est pas une louange : ils « promettent une chose qui n'est pas en leur « pouvoir, afin de se concilier des sectateurs « par le nom de la raison, qui réjouit natu- « rellement l'âme humaine, dès qu'on le pro- « nonce; ils l'empêchent ainsi de voir la fai- « blesse de ses forces, et l'âme emportée par « le désir d'une nourriture qui ne convient « qu'aux intelligences guéries, avale le poi- « son des séducteurs. Car la vraie religion ne « peut s'introduire dans l'âme que par le com- « mandement et avec le poids de l'autorité, « en lui faisant croire d'abord les vérités qu'elle « percevra plus tard, si elle s'en rend digne « par sa conduite.

« Peut-être demanderez-vous pourquoi il « faut être instruit par la foi avant de l'être « par la raison. Vous le comprendrez facile- « ment si vous voulez être juste..... Pensez- « vous que tous les hommes soient capables de « saisir les raisonnemens qui conduisent l'esprit « humain à l'intelligence des choses divines? « Est-ce le plus grand nombre qui en est ca- « pable, ou seulement un très petit nombre « d'hommes? C'est un petit nombre, dites- « vous. Pensez-vous être de ce petit nombre? « Ce n'est pas à moi, dites-vous de l'affirmer.

« C'est donc à moi de le croire, et j'y consens;
« mais souvenez-vous que j'ai foi en vous qui
« me dites des choses incertaines, et que vous
« ne voulez pas ajouter foi à mes avertissemens
« religieux. Supposons donc que vous cher-
« chiez la vraie Religion avec un désir sincère
« de la recevoir, et que vous soyez du petit
« nombre d'hommes capable de comprendre
« les raisons par lesquelles la force divine de
« l'esprit s'élève à une connaissance certaine
« de la vérité : dites-moi, que ferons-nous des
« autres hommes qui ne sont pas doués d'un
« génie aussi perçant ? N'y aura-t-il pour eux
« aucune religion, ou bien faudra-t-il les me-
« ner pas à pas, de degré en degré, dans les
« hauteurs infinies du vrai ? Vous voyez tout
« de suite le parti le plus religieux; car vous ne
« pouvez exclure un seul homme de cette grande
« espérance qui vous anime, vous ne pouvez
« en abandonner un seul. Mais alors ne pen-
« sez-vous pas qu'il leur est impossible d'en-
« trer en possession de la vérité, s'ils ne
« croient d'abord pouvoir y parvenir, s'ils n'y
« tendent avec un esprit suppliant, par une
« vie conforme à des préceptes nécessaires qui
« doivent les purifier ? Vous le pensez certaine-

« ment. Si donc ceux du nombre desquels « vous êtes, à ce que je crois, qui peuvent « pénétrer facilement par la raison les secrets « divins, suivaient aussi cette voix de l'obéis- « sance et de la foi, quel mal en souffriraient- « ils? Aucun, ce me semble. Mais, dites-vous, « pourquoi la suivraient-ils? Pourquoi les re- « tarder dans leur marche? Parce que, bien « qu'ils ne se nuisissent pas à eux-mêmes, « ils nuiraient aux autres par leur exemple. « Peu d'hommes sentent la mesure véritable « de leurs forces : les uns se croient trop fai- « bles, il faut les encourager; les autres se « croient trop forts, il faut les arrêter, afin « que les premiers ne périssent pas par le dés- « espoir, les seconds par leur audace. Or, « il est facile de pourvoir à ce double danger, « si ceux-là mêmes qui seraient capables de « prendre leur vol sont contraints de marcher « dans la voie commune, de peur qu'ils n'exci- « tent les autres à une périlleuse imitation. « Voilà la providence de la vraie Religion; « voilà l'ordre établi de Dieu, tel qu'il nous « est venu de nos bienheureux ancêtres, et « qu'il a été conservé jusqu'à nous. Vouloir le « troubler et le pervertir, c'est chercher la

« Religion par un chemin sacrilége, et ceux « qui le tentent, même quand on leur accor« derait tout ce qu'ils veulent, n'arrivent pas « où ils prétendent. Quelle que soit l'excel« lence de leur génie, si Dieu ne les aide « ils rampent à terre. Or, Dieu aide les hom« mes qui le cherchent, lorsqu'ils ont eux« mêmes pitié du genre humain. On ne trou« verait pas dans le ciel un chemin plus sûr « pour arriver à lui........

« C'est pourquoi, Dieu nous apportant le « remède qui devait guérir nos mœurs cor« rompues, s'acquit l'autorité par des mira« cles, mérita la foi par l'autorité, s'attira la « multitude par la foi, obtint de la multitude « l'antiquité, et consolida par cette antiquité « la Religion, de telle sorte qu'elle ne fût ébran« lée ni par la nouveauté inepte et frauduleuse « des hérétiques, ni par l'erreur léthargique « et violente des peuples païens.....

« C'est là, croyez-moi, l'autorité d'où vient « le salut, la cause qui suspend d'abord no« tre âme au dessus de son habitation terres« tre, et qui l'arrachant ensuite à l'amour de « ce monde, la convertit à Dieu. C'est l'auto« rité seule qui ébranle les hommes ignorans,

« et les porte à la sagesse. Sans doute, pour « ceux qui ne peuvent atteindre par eux-mê- « mes le vrai, ce serait un malheur d'être « trompé par l'autorité, mais c'en serait un « bien plus grand de n'être pas touché par « elle. Car, ou la providence de Dieu ne pré- « side pas aux choses humaines, et alors il est « inutile de s'occuper de religion ; ou elle y « préside, et soit par l'ordre de la création, « qui découle apparemment de quelque source « ineffable de beauté, soit par je ne sais quelle « voix intérieure de la conscience, elle avertit « publiquement, comme en secret, les meilleurs « esprits de chercher Dieu et de le servir, et « alors il ne faut pas désespérer que Dieu lui- « même ait établi une autorité qui nous soit « un chemin sûr pour nous élever jusqu'à lui. « Cette autorité, en mettant à part la raison, « dont la foule des hommes, comme nous l'a- « vons dit, ne peut user avec assez de discer- « nement, ébranle notre conviction de deux « manières, en partie par les miracles, en par- « tie par la multitude de ses sectateurs. Le sage « n'a pas besoin de ces deux choses : qui le « nie? mais il s'agit précisément de devenir « sage, c'est-à-dire de connaître la vérité,

« sans laquelle il n'y a pas de sagesse, et qu'une « âme souillée ne connaîtra jamais. J'entends « par une âme souillée, pour m'expliquer « brièvement, celle qui aime autre chose que « l'âme et Dieu. Plus elle devient pure, mieux « elle regarde et voit la vérité. Vouloir donc « voir la vérité pour purifier l'âme, tandis « qu'il faut purifier l'âme pour voir la vérité, « c'est le renversement de l'ordre, et c'est « l'autorité qui le rétablit, en aidant l'homme « à devenir pur et capable par conséquent de « la contemplation du vrai (1). »

Les passages de saint Augustin qu'on vient de lire renferment les élémens principaux de la défense du Christianisme, telle qu'elle avait été conçue dans toute la suite des siècles jusqu'à M. l'abbé de La Mennais. Ces élémens se réduisent à trois : l'impuissance de la philosophie, c'est-à-dire du raisonnement, pour unir les hommes dans la vérité ; la nécessité d'un enseignement divin par voie d'autorité pour arriver à ce but ; l'existence de cette autorité enseignante et infaillible dans l'Eglise catholique seule.

(1) Saint Augustin, *De l'utilité de croire.*

L'impuissance manifeste des sages de l'antiquité, soit pour rassembler les esprits supérieurs dans une école unique et universelle, soit pour tirer les peuples de l'abîme des superstitions, servait aux écrivains catholiques d'une éternelle preuve pour établir la nécessité d'un autre enseignement de la vérité. A moins qu'aucune Providence ne gouvernât le monde, à moins que l'homme ne fût condamné à l'ignorance de ses destinées et de ses devoirs, il était impossible qu'il n'y eût pas sur la terre un autre enseignement que celui des philosophes, une autre voie que celle du raisonnement pour pénétrer le secret des choses invisibles, puisqu'avec un temps si long, avec des esprits si divers, avec l'Orient et l'Occident mêlés ensemble par la guerre et les voyages, on n'avait abouti qu'à créer des disputes stériles, qu'à semer çà et là dans les solitudes du doute quelques noms célèbres, qui portassent jusqu'à la dernière postérité le *magnifique témoignage* de l'impuissance humaine. Du temps des pères de l'Église, ce témoignage brillait de tout son éclat; on vivait dans les restes de la société antérieure au Christ; on savait par expérience la vanité des efforts philosophiques, et il était peu d'écoles dont les débris n'eussent escorté la marche créatrice de l'Église à travers la décadence des temps, afin que toute la terre, en voyant passer les vivans et les morts, jugeât où était le souffle éternel de la vérité. Plusieurs d'entre les pères de l'Église avaient eux-mêmes porté le manteau de philosophes; ils avaient poursuivi le vrai d'école en école, et quand ils répétaient au monde, après saint Paul : *les Grecs cherchent la sagesse, mais pour nous nous annonçons le Christ crucifié*, la puissance infinie de Dieu prenait sur leurs lèvres un accent d'indicible conviction, et les nations s'écriaient avec eux : *Où sont les sages? Où sont les docteurs? Où sont les investigateurs de ce siècle? Est-ce que Dieu n'a pas fait de la sagesse une folie? Car le monde n'ayant pas, avec la sagesse, reconnu Dieu dans la sagesse de ses œuvres, il a plû à Dieu de sauver les croyans par la folie de la prédication* (1). Aujourd'hui nous commençons à comprendre de nouveau la force de cette démonstration, et elle ira toujours croissant dans les intelligences, à mesure que

(1) Saint Paul, 1re ép. aux Corinth., ch. 1.

la philosophie ressuscitée achevera de nous donner le spectacle agrandi de son néant. Car chaque fois qu'une expérience se répète avec le même succès, elle acquiert plus de droits à l'empire des esprits ; et cette fois l'expérience philosophique a eu des caractères particuliers, plus propres encore à jeter la sagesse humaine dans le désespoir. En effet, les philosophes n'avaient plus comme autrefois à chercher péniblement le vrai. Éclairés par la lumière de l'Évangile, il ne s'agissait que de dépouiller le Christianisme, que de se partager entre eux la robe de Jésus-Christ. Et pourtant ils n'ont égalé les philosophes anciens, ni par l'élévation de leur génie, ni par la pureté de leur doctrine, ni par la durée de leurs écoles ; ils n'ont point eu de Socrate mourant pour une vérité plus grande que tout son siècle. Esprits envieux du Christianisme, ils ont mis leur gloire à descendre au dessous de leur temps, et leurs cendres étaient à peine refroidies, que l'humanité, vengeresse du Christianisme, a passé en sifflant sur leur tombe. Leurs successeurs qui les dédaignent, ne savent eux-mêmes que faire ; ils n'ont pas une école proprement dite dans toute l'Europe ; le dernier curé de village est plus puissant qu'un philosophe, et l'on entend partout du fond des âmes, avides de doctrines, sortir un cri plaintif, semblable au cri de l'oiseau qui cherche au bord des mers ses petits enlevés par les flots.

La philosophie n'ayant pu détruire et remplacer le Christianisme, le Christianisme a plus que jamais le droit d'affirmer que, s'il n'y a pas dans le monde un autre enseignement de la vérité, la vérité n'est qu'un nom sacré, impuissant pour guérir l'âme et pour unir les hommes. Le Christianisme ne fait pas, en tenant ce langage, une profession de scepticisme, comme on le lui a reproché; il ne prétend pas qu'il n'y a rien de certain, il remarque seulement que jamais les intelligences n'ont été guéries et unies par voie de démonstration.. On démontre philosophiquement l'existence de Dieu, sans doute, mais cette démonstration, si belle qu'elle soit, n'unira jamais deux hommes entre eux, n'empêchera pas les philosophes *d'avoir des écoles où ils ne seront pas d'accord et des temples communs avec la multitude.* C'est que le raisonnement, quelque puissant qu'il soit pour établir, est mille fois plus actif encore pour diviser, et nulle part il n'occupe la première place sans tout perdre. Laissez-le dans l'étude de la nature, détrôner l'expérience, et aussitôt vous n'aurez plus de corps savans, vous n'aurez plus de science, mais un vain amas de systèmes contradictoires. Laissez-le gouverner la société, et, au lieu de nations unies comme une famille, vous n'aurez plus que des partis armés pour s'anéantir, et parmi lesquels l'expérience seule ramènera çà et là sur le champ de bataille une apparence de paix. L'expérience est, en toutes choses, le fondement de l'ordre, et voilà pourquoi Dieu n'a pas sauvé le monde par le raisonnement, mais par l'expérience de la croix, la plus belle et la plus concluante qui ait été faite ici-bas.

Si maintenant l'on cherche pourquoi l'expérience est le fondement de la science, de la société, de la Religion, de l'ordre, en un mot, on trouvera peut-être que le raisonnement est une œuvre tout humaine, l'expérience une œuvre en partie divine; que l'homme, en raisonnant, veut tirer la vérité de lui-même, et qu'en expérimentant, il la tire du sein de Dieu; que, dans le premier cas, il veut se donner lui-même à lui-même plus que la vie, la vérité; que, dans le second, il n'aspire qu'à recevoir encore le vrai de la main qui lui a tout donné ; que le raisonnement, considéré en lui-même, indépendamment de toute expérience sur laquelle il s'appuie, est donc un acte d'orgueil, tandis que l'expérience, où l'esprit ne fait que constater ce qui est hors de lui et malgré lui, est un acte d'humilité ; qu'enfin, l'orgueil divise les hommes, et que l'humilité les unit. Le savant se soumet à Dieu en interrogeant la nature, le politique en étudiant les lois indestructibles de la société dans les événemens du monde, le chrétien en cherchant et en adorant les traces du passage de Dieu sur la terre : le philosophe ne se soucie ni de la nature, ni de l'histoire, ni de la parole divine, il cherche en lui par le raisonnement comment les choses doivent être, et il prononce qu'elles sont ou qu'elles ne sont pas. Faut-il s'étonner que Dieu le frappe d'impuissance, et que ses lèvres rendent stérile jusqu'à la vérité ? Quoi qu'il en soit, il est incontestable, par le fait, que la philosophie n'a pu réunir les hommes autour des plus heureuses démonstrations ; il est incontestable encore, qu'à une certaine hauteur, la philosophie perd la trace de la vérité, et n'est plus qu'une science augurale où la pensée *s'évanouit*, selon l'expression de saint Paul. Si donc les choses invisibles n'ont pas été abaissées jusqu'à nous, si la terre et le ciel n'ont pas communiqué ensemble, si Dieu n'a pas fait dans le temps et dans l'espace quelque grande expérience de l'éternité et de l'infini, il faut perdre l'espérance, la vérité n'est pas pour nous; elle passe loin au-dessus de nos têtes, semblable à ces astres profonds du firmament qui nous apparaissent la nuit, quand la lumière féconde du soleil n'éclaire plus nos yeux : l'homme qui marche, le soir, solitaire et accablé, s'arrête quelquefois, s'appuie sur son bâton fatigué comme lui, et levant vers le ciel son front sublime, il regarde long-temps dans les airs l'armée du Seigneur, il songe en son esprit à la distance effrayante d'où lui vient cette douce lumière, il sent le peu qu'il est, et, perdu dans la contemplation de ce mystère immense et lointain qui ne l'élève pas jusqu'à lui, il reprend sa route las et inconsolé.

« Et il y avait un homme appelé Zachée;
« c'était un chef de publicains et un homme
« riche. Et il cherchait à voir Jésus pour le
« connaître, mais il ne le pouvait pas à cause

« de la foule, parce qu'il était petit. Et ayant « couru devant, il monta sur un sycomore « pour le voir, parce qu'il devait passer par là. « Et, comme Jésus était arrivé à cet endroit, « levant les yeux, il aperçut Zachée, et lui « dit : Zachée, hâtez-vous de descendre, parce « qu'il faut que je loge aujourd'hui dans votre « maison (1). » Ainsi, fallait-il que la vérité descendît plus bas que l'homme, en quelque sorte, afin que le plus petit d'entre eux n'eût qu'à se baisser pour la reconnaître ; et l'histoire de cet agenouillement de la vérité aux pieds de l'homme, est une histoire si haute, si merveilleuse, que rien, dans l'univers, ne lui est comparable.

Dieu en a fait un miracle d'unité. Au lieu que les hommes ne peuvent, à cinquante ans d'intervalle, continuer une œuvre dans le même esprit ; que le siècle qui vient détruit la pensée du siècle qui précède, il y a dans la parole divine, transmise par tant de bouches diverses, une unité sans tache de soixante siècles, une conspiration de six mille ans, que chaque conspirateur a payée de sa tête ou qu'il a sanctifiée par ses vertus.

(1) Évangile de saint Luc, ch. 19.

Un miracle de certitude historique. D'ordinaire les peuples vivent ou meurent : nul d'eux, endormi dans ses ruines, n'a laissé autour de sa tombe une garde immortelle pour rendre témoignage à tout venant de son existence passée, de sa gloire, de sa honte, de ses malheurs, de ses traditions, de sa foi. Par une exception digne de remarque, l'histoire chrétienne, la seule qui soit vraiment antique, et qui remonte d'échelons en échelons, régulièrement coordonnés, au plus profond des âges, l'histoire chrétienne, attestée, depuis le Christ, par un peuple vivant, répandu dans tout le monde, est attestée, avant le Christ, par un peuple qui n'est ni vivant ni mort, sorte de spectre mystérieux, tout chargé de siècles et d'opprobres, et qui va, sans se lasser, aux quatre vents de la terre, uniquement pour dire dans toutes les langues, à toute génération : Je fus.

Un miracle de puissance. Que n'a pas vaincu le Christianisme? Il a résisté à l'ignominie, à la persécution la plus longue et la plus atroce qu'aucune doctrine ait essuyée, à la prospérité, à l'ignorance, à la barbarie, à la révolte des siens, aux passions humaines, à la science, au génie, au temps qui détruit tout, à l'homme qui n'a jamais respecté ses propres œuvres. Seul entre les diverses religions, le Christianisme a supporté l'épreuve de la raison humaine; et la liberté de la presse, qui renverserait en trente ans les cultes de l'Asie et de l'Afrique, a combattu trois siècles l'Évangile et le pape, sans leur avoir rien ôté de cette force qui épouvante à l'heure de la mort tout homme qui n'est pas un ignorant.

Un miracle de science et de philosophie. Nulle science n'a pu réussir à mettre la Bible en contradiction avec elle : l'histoire, la chronologie, l'astronomie, la linguistique, les monumens, les antiquités de toute nature, ont déposé, malgré les savans, en faveur de la parole divine; et la première page de la *Genèse* était d'accord, il y a plus de trois mille ans, avec les secrets de la géologie découverts de nos jours.

Un miracle de civilisation. Quels sont aujourd'hui les peuples où le sort des femmes, des enfans, des pauvres, de tous les êtres faibles, est le plus heureux? Quels sont les peuples où se cultivent les sciences et les arts? L'Europe ne tient-elle pas le sceptre du monde; et, si l'Amérique lui a échappé, n'est-ce pas parce que l'Amérique est devenue chrétienne?

Un miracle de sainteté. Un jour on verra le cœur des chrétiens ; on saura les actions de la droite ignorées de la gauche ; mais en attendant la révélation du double mystère de la vertu et du crime en ce monde, il est déjà possible de comparer les mœurs chrétiennes aux mœurs antiques, et de juger la puissance ineffable de la cause qui a sanctifié le cœur de l'homme par la pureté.

Un miracle dans l'ordre du beau. Chez un petit peuple obscur, et que méprisaient les autres nations, il s'est trouvé un livre qui serait le plus grand monument de l'esprit humain, s'il n'était pas l'ouvrage de Dieu, et auquel ses ennemis même ont été forcés de rendre cet hommage. Homère n'a point égalé le récit de la vie des patriarches dans la *Genèse*; Pindare est resté au-dessous de la sublimité des prophètes ; Thucydide et Tacite ne sont pas comparables à Moïse comme historien ; les lois de l'*Exode* et du *Lévitique* ont laissé bien loin d'elles la législation de Lycurgue ou de Numa ; Socrate et Platon avaient été surpassés, même avant l'Évangile, par Salomon, qui nous a légué, dans le *Cantique des cantiques*, le plus admirable chant de l'amour divin, inspiré à des lèvres créées; et, dans l'*Ecclésiaste*, l'hymne éternellement mélancolique de l'humanité déchue; enfin l'Évangile, achevant la destinée de ce livre unique, y a mis le sceau d'une beauté inconnue auparavant, et qui, demeurée inimitable, n'a sur la terre, comme le Christianisme tout entier, aucun terme de comparaison.

Les anciens disaient que le sage, au milieu du silence des nuits, pouvait entendre la musique des sphères célestes accomplissant dans l'espace les lois harmonieuses de la création : ainsi le cœur de l'homme, quand les passions s'y taisent, peut entendre, au milieu du monde, la voix éternelle de la vérité. La religion est une lyre suspendue dans le ciel, et qui, agitée tout à la fois par le souffle divin et par celui des hommes, rend des sons tristes comme ceux d'une âme souffrante, et joyeux comme ceux d'un ange, mais toujours des sons supérieurs à l'humanité, et que l'ingratitude seule ne discerne pas.

Il y a donc sur la terre un enseignement qui sort de toutes les règles humaines, un enseignement divin. Quiconque croit à la Providence et sent le besoin d'être éclairé, jette naturellement les yeux sur le Christianisme. Le

Christianisme est, en toutes choses, la première chose. Il est à la raison de l'homme ce que l'horizon est à ses yeux : plus on s'élève, plus il devient grand. Mais la plus nombreuse partie des hommes étant incapable de s'élever vers la vérité par elle-même, et aucune ne l'étant dans l'enfance, il est nécessaire que la vérité nous soit donnée par voie d'autorité. Ce n'est pas nous qui devons chercher la vérité les premiers; c'est la vérité qui doit nous chercher d'abord. Et si, plus tard, quelques esprits fortifiés par le travail deviennent capables de philosopher, ils sont néanmoins soumis à la règle commune, afin que l'orgueil ne les enfle pas, et que les autres ne soient pas découragés par leur exemple. La science divine appartient à tous; tous ont le droit d'y puiser également, et la foi n'est pas autre chose qu'un niveau sublime qui rabaisse le petit nombre d'esprits supérieurs au rang des esprits médiocres, pour que l'autorité les élève ensemble vers Dieu, et que la vertu seule mette entre eux de la différence. Que les savans, les riches, les forts, conspirent contre la sainte égalité de la foi, à la bonne heure; mais qu'alors ils ne parlent pas si haut de leur philantropie, et que le genre humain, composé, après tout, d'ignorans, de pauvres et d'infirmes, entende cette parole de son Sauveur : « Mon Père, maître du ciel et de « la terre, je vous rends gloire de ce que vous « avez caché ces choses aux sages et aux pru- « dens, et de ce que vous les avez révélées aux « petits (1)! »

Quelle est cependant l'autorité chargée d'enseigner la vérité aux hommes, de leur communiquer la parole divine? Est-ce le genre humain? Mais c'est le genre humain lui-même qui a besoin d'être enseigné. C'est lui que n'ont pu éclairer les philosophes, et qui n'a pu éclairer les peuples. L'Église catholique seule a réuni les sages et la multitude, non pas seulement dans les mêmes temples, mais dans la même foi; seule elle a transmis à la postérité un *monde éclairé*; seule elle a remplacé *les conjectures timides d'un petit nombre d'hommes par l'éducation générale qui sauve les peuples*; seule elle *s'est acquise l'autorité par des miracles, elle a mérité la foi par l'autorité, elle s'est attiré la multitude par la foi, elle a obtenu de la multitude l'antiquité*; seule elle a *guéri et uni*

(1) Évangile de saint Matthieu, ch. 11.

les âmes; seule, animée d'un autre esprit que l'esprit humain, dépositaire infaillible de la parole divine, organe visible de la vérité, elle conserve les sources de la foi et du salut, les répand sur le monde avec ses sueurs et son sang, allaite l'humanité, sans cesse renaissante, comme une mère, enseigne toutes les nations, en les baptisant au nom du Père, du Fils et du Saint-Esprit; et seule, victorieuse, tôt ou tard, de toutes les doctrines opposées à la sienne, elle a obtenu ici-bas *le comble de l'autorité* (1).

Telle est la doctrine de saint Augustin et de l'Église par rapport à la défense générale du Christianisme. J'en ai fait deux traductions, comme on vient de le voir; une traduction littéralé, pour qu'on ne m'accusât pas de prêter à saint Augustin mes pensées; et une autre qui servît à montrer comment les idées chrétiennes, en restant toujours les mêmes, se confirment néanmoins par le seul progrès du temps, et acquièrent avec les siècles une nouvelle jeunesse. Que d'événemens ont accru la force des démonstrations de saint Augustin, depuis treize

(1) Saint Augustin, *lettre à Volusien.*

cent quatre ans qu'il s'est éteint sur son siége d'Hippone, à la vue des barbares démolissant l'empire romain et la chrétienté! Que de vicissitudes ont ébranlé et raffermi la foi des hommes ! Combien s'est étendue *cette immense série de choses accomplies avec tant d'ordre depuis le commencement* (1)! Combien ressort davantage *cette admirable liaison des temps où le présent fait foi du passé* (2)! Quelle puissance l'Église catholique a développée dans la bonne et la mauvaise fortune, et comme tout a changé, excepté elle! Si saint Augustin *pouvait recommencer sa vie avec nous, s'il revivait ce grand homme* (pour user des mêmes expressions qu'il a employées à l'égard des premiers platoniciens), si ses cendres s'éveillaient sous *le ciel d'or* de Pavie, non loin des lieux où il fut converti, et dont il semble que la Providence ait voulu rapprocher ses reliques, qu'il dirait encore, avec plus d'éloquence qu'autrefois : *Toutes ces choses sont lues dans le passé, vues dans le présent, et le reste, qui n'est pas encore accompli, se vérifiera dans l'avenir* (3).

(1) Saint Augustin, *lettre à Volusien.*

(2) Ibid.

(3) Ibid.

Ainsi chaque siècle prophétise au siècle qui le suit; ainsi chaque siècle est fidèle au siècle qui l'a précédé ; et des nuées obscures de l'avenir le passé sort toujours plus brillant.

On s'étonne quelquefois qu'il n'existe aucune défense complète du christianisme : c'est que, d'une part, le temps qui ne s'arrête jamais en multiplie sans cesse les preuves, et que, d'autre part, les objections que le raisonnement lui suscite, variables à l'infini, sont méprisées au bout de cinquante ans par l'esprit humain. Il y a donc nécessairement dans la défense du christianisme une partie qui demeure incomplète, et une partie qui devient inutile ; mais c'est en quoi précisément sa vérité paraît davantage. Car la partie devenue inutile prouve la vanité de la raison, qui, après un petit nombre d'années, ne comprend plus les objections qu'elle a faites ni les réponses qu'on lui a données, et la partie demeurée incomplète montre la vigueur logique d'une Religion dont l'évidence croît avec le temps.

Mais, soit dans sa partie changeante, soit dans sa partie progressive, la défense du christianisme a toujours porté sur les trois points fondamentaux qu'on a vus, savoir : l'impuissance du raisonnement pour unir les hommes dans la vérité; la nécessité d'un enseignement divin par voie d'autorité pour arriver à ce but; l'existence de cette autorité enseignante et infaillible dans l'Église catholique seule. La multitude infinie de considérations et de développemens qui forment la suite de la controverse catholique, se range manifestement sous ces quatre chefs, à quelque époque qu'on arrête ses regards, que ce soit sur les siècles primitifs, représentés par saint Augustin, sur les siècles du moyen-âge, représentés par saint Thomas, sur les siècles du protestantisme, représentés par Bossuet et Pascal, ou enfin sur le dernier siècle, représenté par Bergier. Jamais l'autorité du genre humain n'a été invoquée par un docteur de l'Église, comme le fondement logique de la Religion. Je n'ai pas besoin, pour l'établir complètement, d'une exposition plus longue que celle qui précède. M. l'abbé Gerbet, *dans son coup d'œil sur la controverse chrétienne*, ouvrage d'érudition et de bonne foi, avoue formellement que, jusqu'à M. de La Mennais, la polémique du christianisme n'a pas dépassé les limites que nous avons nous-même indiquées. « Si maintenant, dit-il, nous

« réunissons dans un seul point de vue les « observations que nous venons de faire sur « la polémique des docteurs chrétiens, nous « reconnaîtrons qu'elle porte sur deux points « principaux : premièrement, que la voie de « raisonnement, insuffisante pour procurer à « l'homme la possession certaine de la vérité, « conduit au chaos des doctrines et par là même « au doute; secondement, qu'il est nécessaire « de croire par voie de révélation et de tradi-« tion, et que le Chritianisme, ainsi que l'É-« glise qui en est dépositaire, renferment dans « leur vaste sein les élémens de la plus grande « autorité. Telles sont les pensées dominantes « auxquelles l'analyse réduit cette mémorable « controverse..... Si quelques personnes soup-« çonnaient que, tout occcupés de saisir dans « la polémique des pères ses points de confor-« mité avec la doctrine que nous défendons, « nous méconnaissons les différences qui les « distinguent l'une de l'autre, ces personnes se-« raient dans l'erreur; car, loin que nous « cherchions, dans l'intérêt de cette doctrine, « à nous tromper sur ce point, cet intérêt lui-« même nous oblige aussi à remarquer ces dif-« férences. *Nous la concevons en effet, ainsi*

« *que nous l'expliquerons ultérieurement,*
« *comme un grand et puissant développement*
« *des idées qui ont toujours été l'essence de la*
« *logique générale du christianisme. Or, qui*
« *dit développement, dit à la fois rapports et*
« *différences;* de sorte qu'il faut montrer en
« même temps et ces rapports, pour prouver
« qu'elle a toutes ses racines dans l'antiquité,
« et ces différences, pour expliquer comment,
« par sa nouvelle existence, si je peux parler
« ainsi, qui a été provoquée par les questions re-
« muées depuis trois siècles, elle se trouve par-
« faitement appropriée aux nouveaux besoins
« des esprits (1). »

M. l'abbé Gerbet a soin de répéter cette observation plus tard et à plusieurs reprises, lorsqu'il résume la controverse catholique aux divers temps de saint Thomas, de Bossuet et de Bergier (2).

L'infaillibilité du genre humain est une expression inouie dans l'Église. On trouve à chaque page de ses écrivains, que l'Église est infaillible, que Dieu enseigne, éclaire, convertit par elle le genre humain; on ne trouve nulle part que

(1) *Coup d'œil sur la controverse chrétienne*, p. 60, 61 et 62.
(2) Ibid., p. 84, 114 142.

le genre humain soit la source et l'oracle de la vérité.

Nous venons d'exposer avec le plus de fidélité que nous avons pu, la marche suivie dans l'Église pour la défense générale du christianisme, jusqu'à M. de La Mennais. Il est incontestable avant tout examen intime de son système, qu'il a embrassé une autre marche. Nos ancêtres dans la science chrétienne n'avaient attribué qu'à l'Église l'infaillibilité; M. de La Mennais, en l'attribuant au genre humain comme à l'Église, a changé l'axe de la discussion catholique. Il a franchi le point où s'étaient arrêtés volontairement ses prédécesseurs, et, descendu aux fondemens mêmes posés par la main de Dieu, il a cru sentir au dessous une autre main étendue pour porter l'édifice. Que cette pensée soit utile, nous ne l'examinons pas encore; mais les ancêtres ne l'ont pas connue.

CHAPITRE IV.

De la Philosophie dans l'Église avant M. de La Mennais.

Quoique la philosophie ne serve pas de fondement à la Religion, et qu'au contraire son impuissance soit une des bases de la défense du Christianisme, cependant elle a joué dans l'Eglise un rôle important, qu'il est nécessaire de constater, afin que l'on ne se méprenne pas sur notre pensée, et que l'on conçoive bien l'innovation introduite à cet égard par M. de La Mennais.

L'impuissance de la philosophie à établir la vérité ne venait pas, comme nous l'avons dit, de l'impossibilité d'obtenir, au moyen du raisonnement, une démonstration suffisante d'une partie des choses invisibles, telles que l'existence et la nature de Dieu, la spiritualité de l'âme, la différence du bien et du mal, etc.

Loin de là, les docteurs chrétiens ont estimé que ces principes étaient accessibles à la raison de l'homme, et ils en ont donné des preuves dont on peut voir le modèle dans le livre de saint Thomas *contre les nations*. Quel était donc le vice radical de la philosophie? Nous avons déjà fait observer, après saint Augustin, qu'il consistait en ce que les philosophes avaient *des écoles où ils n'étaient pas d'accord et des temples communs avec la multitude;* c'est-à-dire, en ce que la philosophie n'avait pas même cherché à unir le peuple dans la vérité par le raisonnement, et qu'elle avait en vain cherché à unir les sages par la même voie. Pourquoi la philosophie n'avait-elle pas même cherché à unir le peuple dans la vérité par le raisonnement? Saint Augustin nous l'a dit : parce que le peuple *n'est pas capable de saisir les pensées qui conduisent l'esprit humain à l'intelligence des choses divines*. Pourquoi avait-elle en vain cherché à unir les sages dans la vérité par le raisonnement? Saint Augustin nous l'a dit encore : parce que, bien que les sages, à ne considérer que leur culture intellectuelle, fussent en état *de prendre leur vol vers la vérité, Dieu les a contraints de marcher dans la voie commune, de peur qu'ils n'excitent les autres à une périlleuse imitation; parce qu'en outre, il faut purifier l'âme pour voir la vérité, et que l'autorité seule aide l'homme à devenir pur, et capable par conséquent de la contemplation du vrai.* Ainsi l'impuissance de la philosophie, à l'égard du peuple, n'avait qu'une cause, l'impuissance même du peuple; à l'égard des esprits cultivés, elle en avait deux, la volonté équitable de Dieu et la volonté corrompue de l'homme. Dieu voulait qu'il n'y eût dans le monde, par rapport à la vérité et au salut, ni Scythe, ni Grec, ni esclave, ni homme libre, mais que le Christ fût également tout pour tous, *sed omnia et in omnibus Christus* (1) : et les sages servaient admirablement l'équité divine, en usant de leur volonté pour repousser la lumière, *en retenant la vérité captive dans l'injustice*, selon l'énergique expression de saint Paul (2). C'est surtout par la volonté que les sages étaient désunis; c'est surtout la volonté qui empêche la philosophie de devenir une science comme les autres, c'est-à-

(1) Saint Paul, *Épître aux Colossiens*, ch. 3.
(2) Saint Paul, *Épître aux Romains*, ch. 1.

dire d'avoir un enseignement uniforme, et jamais aucune philosophie ne surmontera ce vice radical, quelle qu'elle soit, parce que la philosophie ne s'adresse qu'à l'esprit, et que, pour apprendre aux hommes des vérités qui touchent à leurs devoirs, il faut commencer par guérir leurs coeurs. Si demain la Religion devenait susceptible d'être démontrée mathématiquement, demain les mathématiques seraient une science aussi divisée que la philosophie, parce qu'aucune certitude ne résiste à l'esprit de l'homme, quand il le veut. Et ceux qui en douteraient n'ont qu'à considérer ce qui est arrivé pour l'histoire. Rien n'est plus clair et plus certain que l'histoire, à la prendre dans ses grandes masses; cependant, partout où la Religion et l'histoire se sont rencontrées, celle-ci a été obscurcie, défigurée, niée sans pudeur; on a préféré les chronologies absurdes de l'Égypte et de l'Inde aux livres de Moïse, si admirables par leur suite, leur liaison, leur naturel, et par leurs rapports avec tous les monumens de l'antiquité. Y a-t-il, en effet, quelque chose d'impossible à l'esprit de parti? Ne voyons-nous pas tous les jours ce qui passe sous nos propres yeux travesti ou contesté? Et jamais l'homme est-il plus puissant que contre Dieu? Car Dieu est le point où toutes nos passions ensemble se donnent rendez-vous. Il en est de lui comme du soleil; sa splendeur même attire les nuages, et, s'il était moins clair, il serait moins combattu. *Paix sur la terre aux hommes de bonne volonté!* Voilà d'où vient le salut, d'où vient la certitude; le reste est de l'esprit, de la philosophie, du vent qui divise les feuilles en les agitant.

Cela étant ainsi, quel rôle la philosophie a-t-elle pu jouer dans l'Eglise? Le rôle d'une étrangère admise au foyer domestique, et devenue par reconnaissance un fidèle serviteur. Jésus-Christ n'avait laissé à l'Église d'autre philosophie que l'Évangile, n'avait institué d'autre école que celle où l'on entrait par le baptême, n'avait éclairci la question de la certitude qu'en purifiant le cœur des hommes par la toute puissance de la grâce divine. Il avait guéri les âmes pour unir les intelligences. Ses disciples firent comme lui. Ils transmirent la grâce et la parole qu'ils avaient reçues, continuant à unir les peuples méprisés par la philosophie et les sages divisés par elle, et prouvant de la sorte qu'un élément nouveau avait pénétré du ciel dans les entrailles de l'humanité. Cependant, lorsque la parole divine eut, malgré tous les efforts de la puissance impériale, rallié les nations sous la croix, lorsque le sang des martyrs devint plus rare, la philosophie commença à fleurir dans l'Église. Des platoniciens convertis se rappelaient avec amour leur ancien maître; ils croyaient trouver dans le Christianisme la réalisation des plus belles idées de Platon, soit qu'il les eût conçues de lui-même, ou qu'il les eût puisées dans une tradition antique; il leur semblait, par leur propre expérience, que la philosophie étant la recherche de la vérité, tirait quelques hommes de leur indifférence grossière pour les choses invisibles, et les préparait à la foi. En outre, si la philosophie était vaine comme fondement de la vérité, une fois la vérité connue, elle pouvait être confirmée par la philosophie. Car il est bien différent de raisonner sur ce qui est établi ou sur ce qui n'est pas établi. Avant que Michel-Ange, en élevant la coupole de Saint-Pierre de Rome, eût transporté dans les airs le Panthéon d'Agrippa, on pouvait disputer sans fin sur le mérite d'une telle entreprise ; aujourd'hui le premier venu s'agenouille sous l'immensité créée par Michel-Ange au-dessus de sa tête, et découvre sans peine mille raisons concluantes de l'admirer. Or, le Christianisme renferme dans sa plénitude divine les pensées les plus pures, les plus grandes, les plus nécessaires, les mieux démontrées qui soient au monde; c'est le Panthéon de la raison humaine, bâti par la main de Dieu et cimenté de son sang. Avant que l'éternel géomètre y eût travaillé, les sages s'efforçaient en vain de le construire; la pierre posée par l'un était arrachée par l'autre : c'était la confusion de Babel. Mais, depuis qu'il est debout, qui empêcherait l'homme d'en mesurer la longueur, la largeur et la profondeur? Qui empêcherait la raison de se reconnaître dans le plus magnifique de ses ouvrages?

Ainsi la philosophie, impuissante comme fondement de la vérité, fut jugée utile à l'Église comme *préparation à la foi*, comme *confirmation et explication de la foi.* Tel est son rôle dans l'Église, elle n'y en a jamais eu d'autre. Un coup d'œil sur son histoire, dans ses rapports avec le Christianisme, nous en convaincra.

—

CHAPITRE V.

Platon.

Platon, ce doux et merveilleux étranger, fut introduit dans les écoles chrétiennes, à peu près de la même manière que les Romains, vainqueurs du monde, avaient introduit dans leurs maisons des grammairiens et des artistes grecs. Car où les chrétiens auraient-ils pris une philosophie? Aucun autre nom ne leur avait été donné qui dût instruire et sauver les hommes que celui du Christ, aucune autre science que celle-ci : « Bienheureux les pauvres de gré, parce « que le royaume du Ciel est à eux. Bienheu- « reux les hommes doux parce qu'ils possède- « ront la terre. Bienheureux ceux qui pleurent « parce qu'ils seront consolés. Bienheureux « ceux qui ont faim et soif de la justice, parce

« qu'ils seront rassasiés. Bienheureux les misé-
« ricordieux, parce qu'on leur fera miséri-
« corde à eux-mêmes. Bienheureux ceux qui
« ont le cœur pur, parce qu'ils verront
« Dieu (1). »

Les chrétiens pouvaient donc s'appliquer ces vers du poète romain :

« D'autres feront respirer l'airain avec plus de
« mollesse que toi, ils tireront la vie du marbre,
« ils te surpasseront en éloquence, ils décri-
« ront les lois des astres et du ciel; mais toi,
« Rome, n'oublie pas que l'empire des peuples
« t'appartient, que tu dois décider de la paix du
« monde, pardonner aux vaincus et vaincre
« l'orgueil : ce seront là tes arts (2). »

A défaut d'une philosophie catholique qui n'existait pas, qui ne pouvait pas exister, parce qu'il n'y a de catholique que ce qui sort de la tradition par le canal de l'Église, il fallait bien recourir aux étrangers, et cette nécessité même était heureuse; car la philosophie ne pouvant être, dans l'Église, qu'une *préparation à la foi*, une *confirmation* et une *explica-*

(1) Évangile de saint Matthieu, ch. 5.

(2) Virgile, *Énéide*, liv. 6.

tion de la foi, il valait mieux s'appuyer au dehors qu'au dedans. L'autorité de Platon touchait un philosophe, que l'autorité du Christ n'ébranlait pas encore.

Cependant il ne faudrait pas croire que la philosophie de Platon fût enseignée dans les écoles chrétiennes comme un corps complet de doctrines. « Ce que j'appelle la philosophie, « dit Clément d'Alexandrie, n'est pas celle des « stoïciens, de Platon, d'Épicure, ou d'Aris- « tote, mais le choix formé de ce que chacune « de ces sectes a pu dire de vrai, de favorable « aux mœurs, de conforme à la religion (1). » Néanmoins, dans cette sorte d'éclectisme, l'influence de Platon prévalait de beaucoup, à cause de sa distinction fondamentale du monde invisible, siége et source de la vérité, et du monde visible, simple reflet du premier, à cause de son éloquence, de la supériorité incontestable de sa gloire, et de l'action qu'il continuait à exercer sur un grand nombre d'esprits.

Il ne faudrait pas croire non plus que la phi-

(1) Clément d'Alexandrie, cité par M. de Bonald, *Recherches philosophiques*, ch. 1.

losophie, même dans l'ordre secondaire où on l'avait placée, fût à l'abri de reproches souvent amers. Comme Descartes est attaqué aujourd'hui, comme Aristote l'a été dans son temps, ainsi Platon le fut à l'époque de son règne.

« Je plains de bonne foi Platon, disait saint « Épiphane, d'être devenu le sel de toutes les « hérésies (1). » Et saint Augustin, après avoir dit de ce philosophe, *qu'il avait été l'homme le plus sage et le plus instruit de son temps, et qu'il avait parlé de telle manière qu'il rendait grand tout ce qui sortait de sa bouche* (2), regretta sur la fin de sa vie, de l'avoir traité avec trop d'honneur (3); et, déjà, dans ses *Confessions*, l'on trouve un passage peu favorable sur l'impression qu'il ressentit à la lecture des Platoniciens. « Il vous plut de me « montrer, Seigneur, que vous résistez aux « superbes, mais que vous donnez la grâce aux « humbles, et combien ce fut de votre part « une miséricorde infinie d'avoir enseigné aux « hommes la voie de l'humilité, en permettant

(1) *Des hérésies.*

(2) *Contre les académiciens*, liv. 3, ch. 17.

(3) *Rétractations*, liv. 1, ch. 1

« que votre Verbe se fît chair et habitât parmi « eux. Vous me procurâtes par un certain « homme, enflé d'orgueil, quelques livres « des platoniciens qui avaient été traduits du « grec en latin. Je les lus, et je vis qu'on y « cherchait à persuader par beaucoup de rai- « sons, quoique non dans les mêmes termes : « qu'au commencement était le Verbe, que le « Verbe était en Dieu, et que le Verbe était « Dieu; qu'au commencement il était en Dieu, « que tout a été fait par lui et que rien n'a « été fait sans lui; que ce qui a été fait en lui « est la vie, que la vie est la lumière des « hommes, que la lumière luit dans les ténè- « bres, et que les ténèbres ne l'ont point com- « prise; que l'âme de l'homme, quoiqu'elle « rende témoignage à la lumière, n'est pas « elle-même la lumière, mais que le Verbe « est la véritable lumière qui éclaire tout « homme venant en ce monde; qu'il était dans « le monde, que le monde a été fait par lui, « et que le monde ne l'a pas connu. J'y lus « ces choses, mais je n'y lus pas que le Verbe « est venu chez les siens, et que les siens ne « l'ont pas reçu, et qu'il a donné le pouvoir « d'être faits enfants de Dieu à ceux qui l'ont

« reçu, et qui croient en son nom. J'y lus en« core que le Verbe est Dieu, qu'il n'est pas « né de la chair, ni du sang, ni de la volonté « de l'homme, ni de la volonté de la chair, « mais de Dieu. Je n'y lus pas que le Verbe « se fût fait chair, et qu'il eût habité parmi « nous......... Après cette lecture, qui m'aver« tissait, ô mon Dieu, de chercher la vérité « incorporelle, j'aperçus votre nature invisi« ble présente à mon esprit par toutes les cho« ses que vous avez faites; mais je me sentis « repoussé au fond des ténèbres de mon âme « par quelque chose qui ne me permettait pas « de vous contempler. J'étais certain que vous « étiez, et que vous étiez infini, n'habitant « aucun espace limité ou sans bornes; j'étais « certain que vous étiez vraiment, toujours « le même, immuable, et que tout venait de « vous, par cela seul que quelque chose est; « j'en étais certain, et cependant je ne pouvais « entrer en jouissance de vous. Je parlais « comme un habile, et, si je n'avais trouvé « dans le Christ, notre Sauveur, la route que « vous avez tracée pour mener à vous, j'aurais « péri malgré mon habileté. Je voulais paraî« tre sage, j'étais plein de mon propre châti-

« ment en étant plein de moi-même; et je ne
« pleurais pas; au contraire, j'étais vain de la
« science. Car il me manquait le fondement de
« l'humilité, qui est le Christ-Jésus, et il me
« manquait la charité, qui édifie sur ce fonde-
« ment. Était-ce dans les platoniciens que je
« pouvais apprendre l'une et l'autre? Je crois,
« Seigneur, que vous me fîtes tomber leurs
« livres dans les mains avant vos Écritures,
« afin que je gardasse le souvenir de l'impres-
« sion qu'ils avaient produite en moi, et que,
« plus tard, devenu doux par vos livres, guéri
« de mes blessures par votre attouchement, je
« comprisse la différence qui existe entre la
« présomption de l'esprit et la confession du
« cœur, entre ceux qui voient où il faut aller
« sans voir par quel chemin, et ce chemin lui-
« même de notre heureuse patrie, que vous
« avez destinée, non pas seulement à être
« aperçue de loin, mais à être habitée. Si
« j'eusse d'abord été instruit par vos saintes
« lettres, si vous m'aviez nourri dès ma jeu-
« nesse dans leur familiarité, et qu'ensuite
« j'eusse connu les livres des platoniciens,
« peut-être m'eussent-ils arraché du véritable
« fondement de votre amour, ou, s'ils ne l'eus-

« sent pas fait, peut-être aurais-je cru qu'on « pouvait par ces livres parvenir à vous ai-« mer (1). »

Ce passage de saint Augustin est digne d'attention parce qu'il révèle d'une manière tout-à-fait naïve l'opération du christianisme dans les âmes, et qu'il montre comment la doctrine de ce grand homme sur l'impuissance de la philosophie, avait avec sa propre expérience une intime liaison. Il ne craint pas de dire que les Platoniciens avait parlé comme saint Jean, dans l'exorde fameux de son Évangile, *au commencement était le Verbe, et le Verbe était en Dieu* : il avoue qu'après les avoir lus, *la nature invisible de Dieu fut présente à son esprit* : et cependant il n'était pas changé, il ne louait pas, il n'aimait pas ce Dieu invisible et présent; *il se sentait repoussé au fond des ténèbres de son âme par quelque chose qui ne lui pemettait pas de le contempler.* Il y a donc dans la volonté une puissance propre, indépendante des lumières de l'esprit, et la merveille du christianisme n'est pas tant d'éclairer l'homme que de le toucher. Voilà pourquoi on a toujours en-

(1) *Confessions*, liv. 7, ch. 9 et 20.

tendu dans l'Église quelques voix protester contre la philosophie. A quoi bon philosopher ? Est-ce la clarté qui manque à la vérité ? Une partie des anges n'a-t-elle pas péri dans les splendeurs du ciel ? La philosophie est-elle plus claire que le Christianisme ? L'avait-on relevée de son impuissance en lui assignant un rôle subalterne ? L'avait-on purifiée du venin de l'orgueil, en la couvrant des habits de lin du sanctuaire ? N'y était-elle pas une source de disputes, de subtilités, de questions oiseuses, et comme la *patriarche des hérésies* (1) ? Ah ! prêchons Jésus-Christ, et laissons la science à qui la science, le trouble à qui le trouble, la vanité à qui la vanité ! Cependant, malgré les plaintes de quelques uns de ses docteurs, l'Église ne repoussa pas la philosophie. Plus grande que ce proconsul qui avait peur de l'ombre de Marius assise sur les ruines de Carthage, elle ne chassa pas des ruines du monde les débris humiliés de la sagesse humaine ; elle respecta la raison de l'homme dans ses revers, et lui tendit au fond de l'abîme une main digne d'un éternel amour. Comme Dieu a donné

(1) Tertullien, *De l'âme*, ch. 3.

aux hommes la liberté morale, au risque de les voir s'égarer, parce que de la liberté naît la vertu, l'Église leur a laissé la philosophie, au risque qu'ils en abusent, parce que la philosophie rend témoignage à la vérité par ses aveux, et à l'Eglise par son impuissance de convertir à la vérité.

—

CHAPITRE VI.

Aristote.

Après l'invasion des barbares, l'Église fut de nouveau réduite à ses seules forces; la philosophie s'était éteinte avec les lettres, les sciences et les arts, comme si la Providence, en dépouillant le christianisme de tout ce qui n'est pas lui, dans ces grandes occasions, voulait faire voir que le reste n'est qu'un ornement qui lui devient inutile aux jours de combat. Ainsi, la vierge qui va mourir et vaincre pour Jésus-Christ, n'a plus besoin de ses colliers et de ses bracelets. Mais, quand l'Europe, grâce au Christianisme, commença d'être assise sur ses nouveaux fondemens, on vit la philosophie reparaître dans l'Église. Il ne subsistait plus alors des anciennes écoles qu'Aristote, le favori des Arabes, qui en avaient répandu des exemplaires dans l'Occident; et Aristote avait, à cette époque, un avantage inappréciable. C'était une encyclopédie de l'antiquité, une résurrection des connaissances que les siècles barbares avaient anéanties : logique, métaphysique, morale, politique, rhétorique, poésie, physique, histoire naturelle, Aristote avait traité de la plupart des objets de la pensée avec méthode, et dans un style simple, approprié à l'enseignement. Les professeurs n'avaient qu'à l'ouvrir et à l'expliquer; presque toute la science humaine sauvée du naufrage y était contenue. Les écoles chrétiennes s'emparèrent donc d'Aristote, comme après le déluge, on dut s'emparer des monumens qu'avaient épargnés les flots du ciel.

A la différence de Platon, qui avait placé dans le monde invisible l'explication du monde visible, le siége et la source de la vérité, Aristote soutenait que *rien n'était dans l'esprit qui n'eût d'abord été dans les sens*; c'est-à-dire, que nos connaissances, au lieu de venir du ciel, venaient de la terre. Ce principe si peu en harmonie avec le christianisme, si opposé à la doctrine philosophique qui avait excité l'admiration des pères de l'Église, n'offrait aucun danger dans un temps ou l'Église ne craignait plus de puissance rivale, et où toutes les affaires humaines se décidaient par son autorité. Il était d'ailleurs comme perdu dans l'immensité de la logique d'Aristote, qui était bien moins une recherche des fondemens de la vérité, qu'une analyse étonnante de la forme du raisonnement, ou en d'autres termes, de l'art par lequel l'esprit tire d'un principe les conséquences qui y sont renfermées. C'était justement ce qu'il fallait aux écoles chrétiennes : elles n'avaient pas besoin de s'occuper des fondemens de la vérité, puisqu'elles la trouvaient tout entière dans le christianisme, et elles avaient besoin d'une formule rigoureuse d'argumentation, qui leur servît à déduire du Christianisme toutes ses conséquences possibles. La scholastique, si l'on peut user de cette comparaison, était une vaste alchimie, où le Christianisme était l'or et Aristote le creuset.

Mais il arriva une chose qu'on n'avait pas attendue, comme arrivent, du reste, la plupart des choses de ce monde. Aristote devint avec le temps une autorité irréfragable, dont on enseignait et dont on citait les ouvrages, dans l'ordre philosophique et scientifique, à peu près comme on enseignait et comme on citait l'Écriture-Sainte, dans l'ordre théologique. Deux livres auraient donc renfermé toutes les connaissances des hommes, la Bible et Aristote, et la vie de l'humanité se serait écoulée paisible entre la méditation et l'explication de l'un et de l'autre. Aujourd'hui que le joug d'Aristote est brisé, que l'intelligence a rompu les digues où avaient espéré l'arrêter nos prédécesseurs, et qu'une infatigable investigation remue depuis bientôt trois siècles le monde matériel, il est possible de comprendre la pensée qui portait par instinct nos ancêtres à circonscrire les sciences humaines dans certaines limites, comme Dieu avait fixé dans la révélation la borne des sciences divines. Ils se trompèrent sans doute; car *le monde a été livré à la dispute des hommes*, et ce qui est dans le temps appartient au changement, avec autant de droit que ce qui est dans l'éternité appartient au repos. Il faut que l'humanité tourne la meule de la science, dût-elle n'y rien gagner en sagesse et en bonheur, parce qu'aucune convention ne peut détruire la nature des choses, et qu'à moins d'étouffer les esprits pénétrans et même le hasard, la science marche avec les découvertes. Mais il n'est pas bon de mépriser pour cela ces grandes espérances de repos qui saisissent quelquefois les esprits, et qui les portent à jeter l'ancre dans l'Océan sans rivages de la vérité. Plus d'une fois Las Casas regretta le génie de Christophe Colomb, et celui qui n'a jamais eu la tentation de le regretter, ou ne connaît pas l'histoire de la conquête de l'Amérique, ou s'il la connaît, il n'estime pas assez le sang et les pleurs de l'homme. Mais Dieu a mis les découvertes à ce prix, et, chose étrange! ces mêmes théologiens, qui ne voulaient pas permettre d'aller au delà d'Aristote par le désir confus d'une constitution définitive et pacifique de la science, se disputaient avec acharnement dans l'intérieur du camp qu'ils avaient tracé autour d'eux, tant la guerre est naturelle aux intelligences dès qu'elles poussent leurs recherches hors de la foi, même en y restant soumises.

A la fin du seizième siècle, Bacon renversa, dans l'ordre scientifique, l'autorité d'Aristote. Il en appela à l'observation de la nature comme au fondement de la certitude et du progrès des sciences. Mais l'autorité d'Aristote continua de subsister dans l'ordre logique et métaphysique, jusqu'à ce qu'enfin, après plusieurs tentatives infructueuses, celui qui devait achever la ruine de cette vaste domination se levât sur la scène changeante de la philosophie.

—

CHAPITRE VII.

Descartes.

Un jeune militaire de vingt-trois ans, arrêté en Allemagne dans un quartier d'hiver, et réfléchissant sur lui-même, jugea qu'il avait dans la tête beaucoup plus de mots que de choses, et qu'on lui avait fait admettre, sur la foi des anciens, une foule de principes dont sa raison ne voyait pas clairement la vérité. Ne sachant lesquels abandonner, lesquels retenir, il résolut de les rejeter tous, et de recommencer de fond en comble l'éducation de son esprit. Il n'excepta de cette proscription universelle que la religion et les règles communes de la vie, défendues, au moins provisoirement, par leur nécessité. Ce dessein pris, et pour mieux détruire les fausses opinions dont il avait été imbu, ainsi que pour amasser les matériaux nécessaires à la reconstruction de son intelligence, il crut qu'il devait voir les hommes et lire dans le grand livre du monde. Il voyagea long-temps au milieu du tumulte des armes et ensuite seul; il vit la guerre, les cours, les mœurs des peuples, comme avaient fait autrefois des sages fameux; et, mûri autant par le spectacle des hommes et des événemens que par les années, il songea qu'il était temps d'élever l'édifice de ses connaissances.

Sa première réflexion, en entreprenant ce grand ouvrage, fut qu'il ne devait introduire dans son entendement aucune idée qui laissât la plus légère prise au doute, afin de voir si, après avoir rejeté tout ce qu'il lui serait possible de rejeter, il ne resterait pas dans sa conviction quelque chose de ferme et d'inébranlable. Ainsi rejeta-t-il l'existence des corps : car qu'est-ce que les corps? Ne sont-ils pas l'effet de l'illusion? N'éprouve-t-on pas dans les rêves, à l'égard d'objets qui n'existent pas, les mêmes sensations qu'on éprouve à l'égard des objets que l'on croit exister? Il trouva de même quelque raison de douter des notions les plus simples de la géométrie, des principes réputés connus par leur seul énoncé. Mais, quand il eut exclu de sa croyance la nature extérieure, la géométrie, les principes généraux de la raison, c'est-à-dire tout ce qui était hors de lui et en lui, ce semble, il observa qu'il restait encore quelque chose, savoir, son doute lui-même, et il se dit : ce doute, à tout le moins il existe; car, au lieu que le doute exclut la certitude des objets auxquels il s'attache, il affirme sa propre existence; et chaque fois que l'on fait effort pour concevoir que ce doute lui-même est peut-être une illusion, on se sent dans l'impossibilité d'y consentir. Or, douter, c'est penser ; et, comme le néant ne pense pas, puisqu'il n'est rien, voici nécessairement une vérité : *Je pense, donc je suis*. Et, si l'esprit cherche pourquoi il adhère invinciblement à cette proposition, il n'en trouvera pas d'autres motifs, sinon que cette proposition est d'une parfaite évidence. Toutes les fois donc que l'esprit verra une pensée avec autant de clarté que celle-ci : *je pense, donc je suis*, il sera en droit d'affirmer de cette pensée qu'elle est vraie. Appuyé sur ce principe, qui, en forçant l'homme de nier sa propre existence lorsqu'il veut nier une proposition évidente, enchaînait en quelque sorte l'égoïsme à la vérité, Descartes s'éleva d'un seul bond jusqu'à l'Être nécessaire, infini, parfait, dont l'existence lui parut aussi claire que la sienne propre. De Dieu il redescendit aux corps et aux premiers principes de l'entendement, et il en reconnut la vérité, sur ce fondement que Dieu n'avait pu tromper les hommes en leur donnant des sens et des principes menteurs. Ainsi l'âme, Dieu et les corps, voilà dans quel ordre d'évidence et de certitude l'univers se révélait à ce jeune gentilhomme qui avait osé philosopher sans Aristote, et qui lui préparait, en quelques pages, un linceul si différent de celui où Platon s'était noblement couché dans toute sa gloire. Platon était tombé avec l'empire romain sous les coups des barbares, parce que la lumière seule du Christianisme devait flotter au dessus des ténèbres fécondes qui préparaient la civilisation chrétienne, comme l'esprit de Dieu avait été porté sur les eaux primitives du chaos: Aristote, tiré d'un long oubli par les Arabes, mis sur le trône par les théologiens du moyen-âge, tomba du faîte de la puissance dans un mépris qu'il ne méritait pas, quoique sa fortune eût été plus grande que lui.

Néanmoins le triomphe de Descartes fut vivement contesté, et même il ne triompha d'une manière durable qu'en un seul point, le renversement de l'autorité philosophique d'Aristote. Hors de l'Église, il fut bientôt remplacé par Locke et Condillac, si différens de lui. Dans l'Église, Bossuet, Fénelon, Malebranche, l'école de Port-Royal, les plus grands hommes du 17e siècle, furent, il est vrai, cartésiens, mais chacun à leur façon ; et enfin le doute méthodique, en quoi consistait le tour particulier de la philosophie de Descartes, comme nous le montrerons, est abandonné depuis long-temps par les écoles chrétienes, de l'aveu du Père Ventura, dans sa *Méthode de philosopher* (1). Dès 1743, Rome avait mis à l'index la *Méthode* et les *Méditations* du philosophe réformateur; et l'Église, en effet, ne pouvait admettre que, pour parvenir à la connaissance de la vérité, il fallût une fois en sa vie douter de tous les principes qu'on avait reçus par tradition, même des premiers principes qui sont le fondement de la raison humaine, et auxquels Aristote, quoiqu'il fît tout venir des sens, avait rendu témoignage dans ces paroles remarquables :

(1) Dissertation préliminaire, p. 67.

« Il n'est aucune doctrine, aucune discipline « de l'esprit, qui ne découle d'une connais- « sance antérieure à elle. Il suffit de les con- « sidérer toutes pour le voir avec évidence : « les sciences mathématiques et les divers arts « ne s'établissent pas autrement. Il en est de « même du raisonnement en général, soit qu'on « raisonne par syllogisme ou par induction; « dans l'un et l'autre cas, on part de princi- « pes antérieurs, avec cette différence que, « dans le syllogisme, les principes sortent « comme du sein de l'intelligence elle-même, « tandis que dans l'induction, on remonte à « l'universel qui est inconnu, par les choses « particulières qui sont manifestes (1). »

Le doute général de Descartes n'était qu'une réaction contre l'autorité d'Aristote, l'acte d'indépendance d'un enfant, pour qui le pouvoir paternel a été une tyrannie, et qui, fatigué du joug, veut se faire de la nature et de la société une vaste solitude où il respire à l'aise, et où il n'y aura d'autre royaume que le sien. Descartes en avait senti lui-même les dangers, et il avait déclaré que cette voie ne convenait qu'à

(1) Aristote, *Analytiques postérieures*, liv. 1, ch. 1.

un petit nombre d'esprits supérieurs (1). Mais il ne convient à personne de rejeter la base immuable de l'intelligence, les axiômes qui sont le point de départ nécessaire du raisonnement; il ne convient à personne de bannir sa raison de la société des êtres raisonnables, de repousser tout ce qui nous vient de Dieu par les hommes, et d'aspirer à la vérité sans autre point d'appui que soi-même.

Il est vrai que les derniers défenseurs du doute méthodique nient ces conséquences, et bornent le doute méthodique à *un simple re-*

(1) « La seule résolution de se défaire de toutes les opinions qu'on a reçues auparavant en sa créance, n'est pas un exemple que chacun doive suivre; *et le monde n'est quasi composé que de deux sortes d'esprits, auxquels il ne convient aucunement;* à savoir, de ceux qui se croyant plus habiles qu'ils ne sont, ne se peuvent empêcher de précipiter leurs jugemens, ni avoir assez de patience pour conduire par ordre toutes leurs pensées; d'où vient que s'ils avaient une fois pris la liberté de douter des principes qu'ils ont reçus, et de s'écarter du chemin commun, jamais ils ne pourraient tenir le sentier qu'il faut prendre pour aller plus droit, et demeureraient égarés toute leur vie : puis de ceux qui ayant assez de raison ou de modestie pour juger qu'ils sont moins capables de distinguer le vrai d'avec le faux, que quelques autres par lesquels ils peuvent être instruits, doivent bien plutôt se contenter de suivre les opinions de ces autres, qu'en chercher eux-mêmes de meilleures. » (Descartes, *Méthode*, 2e partie.)

fus de l'esprit d'adhérer à aucune proposition qui ne soit connue par elle-même, ou liée clairement aux premiers principes (1). Mais ce n'était point là le doute de Descartes, et c'est anéantir sa conception originale et sublime, après tout, que de la réduire à cela. Descartes avait poussé le scepticisme jusqu'à son dernier terme, avec une foi généreuse dans la raison de l'homme, sûr d'avance qu'il resterait en lui quelque chose d'inébranlable ; mais il voulait voir quoi. Il ne resta que le doute, et là dans cet abîme qu'il s'était volontairement creusé, et que d'autres hommes avaient creusé avant lui autour d'eux, il ne désespéra pas comme eux du salut de la raison. Il fit du doute même son marche-pied ; il saisit dans ses entrailles palpitantes la pensée, la vie, l'âme, la certitude, Dieu, et sortant du tombeau comme un géant, il arracha à l'Europe étonnée un cri d'admiration, que les plus grands hommes répétèrent à l'envi. Voilà, voilà Descartes, et, si son œuvre

(1) C'est ce qu'on peut voir dans la *Philosophie de Lyon*, communément enseignée dans les séminaires de France ; le doute méthodique, sur quoi Descartes avait fondé toute sa philosophie, y occupe une place inaperçue, où il ne sert à rien et où il ne nuit à rien.

a péri sous ce rapport, ce n'est pas que le génie ait manqué à cette œuvre, c'est que la vérité ne doit pas être cherchée par des tours de force, c'est que Dieu n'a pas fait du doute mais de la foi le chemin naturel de la vérité.

Je dis que l'œuvre de Descartes a péri, en grande partie, avec le doute méthodique, bien avant les attaques de M. de La Mennais; car, une fois le doute méthodique mis de côté, que subsiste-t-il de la philosophie générale de Descartes? Il subsiste, dira-t-on, l'évidence qu'il a érigée en caractère distinctif de la vérité. Mais Descartes n'a fait en cela que rappeler la philosophie à ce qu'elle a toujours été, une affaire de raisonnement, et par conséquent une affaire d'évidence, puisqu'on ne raisonne pas pour obscurcir les choses, mais pour les éclairer, pour répandre la lumière du connu sur l'inconnu. « La raison humaine, a dit M. de Bonald, ne « peut céder *qu'à l'autorité de l'évidence ou à* « *l'évidence de l'autorité* (1). » Ce jeu de mots explique parfaitement la nature de la philosophie et celle de la Religion, la différence du raisonnement et de la foi. Dans la philosophie

(1) *Recherches philosophiques*, ch. 1.

qui procède par voie de raisonnement, il n'y a d'autre *raison de soumettre sa raison* que l'autorité de l'évidence ; dans la Religion qui procède par voie de manifestation et de tradition divines, il n'y a d'autre *raison de soumettre sa raison* que l'évidence de l'autorité. C'est pourquoi Descartes n'est pas plus coupable qu'aucun autre philosophe d'avoir fait de l'évidence, en philosophie, le caractère distinctif du vrai ; et cette remarque est importante, parce qu'on a voulu persuader que les écoles chrétiennes, en reconnaissant les droits de l'évidence, substituée par Descartes à l'autorité particulière d'Aristote, avait introduit dans l'enseignement un principe nouveau et fatal. Cela n'est pas exact : même au temps du règne d'Aristote, l'évidence était admise comme la force et la fin de tout raisonnement, comme la dernière raison des choses. Saint Thomas va nous en donner une illustre preuve, en même temps qu'il confirmera du poids de son autorité ce que nous avons dit sur l'usage de la philosophie dans l'Église. Écoutons ce grand homme.

—

CHAPITRE VIII.

Doctrine de saint Thomas sur l'usage de la Philosophie dans l'Église.

« Parmi toutes les occupations des hommes, « la plus parfaite, la plus sublime, la plus « utile et la plus agréable est l'étude de la sa- « gesse. Elle est la plus parfaite, parce que « l'homme qui cultive la sagesse possède déjà « quelque chose de la vraie félicité; c'est « pourquoi le sage a dit : *Heureux l'homme « qui s'applique à la sagesse.* Elle est la plus « sublime, parce que c'est elle qui donne à « l'homme le plus de ressemblance avec Dieu, « qui a tout fait sagement; et, comme la res- « semblance est la cause de l'amour, c'est l'é- « tude de la sagesse qui unit principalement « à Dieu; d'où vient que le sage a dit : *La*

« *sagesse est pour les hommes un trésor infini,* « *et tous ceux qui l'ont possédée ont été les* « *amis de Dieu*. Elle est la plus utile, parce « qu'elle conduit au royaume de l'immorta- « lité : *Le désir de la sagesse*, a dit le sage, « *mène au royaume éternel*. Enfin elle est la « plus agréable parce que, selon le sage, *sa* « *conversation n'est point amère, mais pleine* « *de joie et de contentement*. Ayant donc reçu « de la miséricorde divine la confiance de « m'adonner aux offices de la sagesse, quoi- « qu'ils surpassent mes forces, je me propose « de rendre manifestes autant que je le pourrai « les vérités qu'enseigne la foi catholique, en « écartant les erreurs qui leur sont opposées. « Car, pour me servir des paroles d'Hilaire, je « sens que le principal devoir de ma vie est de « rendre gloire à mon Dieu, dans tous mes « discours et dans tous mes travaux. Mais il « est difficile de combattre chaque erreur en « particulier, pour deux raisons.

« Premièrement, les écrits de ceux qui ont « blasphémé la vérité ne nous étant pas assez « connus, nous ne pouvons chercher dans « leurs raisonnemens mêmes la ruine de leurs « erreurs, comme ont fait les docteurs anciens

« à l'égard des gentils, dont ils pouvaient « connaître la situation, soit qu'ils eussent « eux-mêmes partagé leurs égaremens, soit « que du moins, ayant vécu parmi eux, ils « eussent été instruits dans leurs doctrines.

« En second lieu, plusieurs des ennemis de « la vérité, tels que les mahométans et les « payens, ne s'accordent pas avec nous sur « l'autorité de quelque écriture sacrée qui « serve à les convaincre, comme sert à l'égard « des Juifs l'Ancien Testament, et le Nouveau « à l'égard des hérétiques : ceux-ci, au con- « traire, rejettent l'un et l'autre. Il est donc « nécessaire pour les combattre de recourir « à la raison naturelle, qui est la loi de tous « les esprits, mais qui, dans les choses divines, « n'est pas capable d'atteindre le vrai tout « entier.........

« En effet, dans les vérités qui regardent « Dieu et que la foi confesse, il en est de deux « sortes : les unes, qui surpassent toutes les « facultés de l'entendement humain, telle que « l'unité de Dieu en trois personnes; les au- « tres, qui sont accessibles à la raison natu- « relle, telles que l'existence de Dieu, son « unité et plusieurs dogmes semblables, que

« les philosophes eux-mêmes, aidés des seules
« lumières de la raison naturelle, ont établis
« par des démonstrations.........

« D'où il suit évidemment que le sage doit
« s'occuper de ces deux sortes de vérités di-
« vines, l'une où peut atteindre l'investigation
« de la raison ; l'autre inaccessible à toute son
« industrie, et détruire les erreurs qui leur
« sont opposées. Je dis deux sortes de vérités
« divines, non pas par rapport à Dieu, qui
« est la vérité une et simple, mais par rapport
« à nous, qui saisissons diversement la nature
« de Dieu. Or, on procède à la manifestation
« du premier genre de ces vérités *par des*
« *démonstrations* qui convainquent les adver-
« saires ; quant aux autres, comme elles ne
« peuvent être établies par des raisonnemens,
« il ne faut pas chercher à les établir de cette
« façon, mais résoudre seulement les objec-
« tions que les adversaires proposent, et qui
« peuvent être résolues, puisque, ainsi que
« nous l'avons montré ailleurs, la raison na-
« turelle n'est pas opposée à la foi. La seule
« manière directe de convaincre les esprits de
« ce genre de vérités est l'autorité de l'Écri-
« ture sainte, confirmée par des miracles ; car

« nous ne croyons les choses qui sont au-
« dessus de la raison humaine qu'à l'aide de la
« révélation. Cependant il est possible de les
« éclairer de quelques lumières vraisembla-
« bles, qui sont utiles à l'exercice et à la con-
« solation des fidèles, mais qu'il ne faut pas
« employer contre ceux qui ne le sont pas, de
« peur que l'insuffisance de ces lumières ne les
« confirme dans l'erreur et ne leur persuade
« que nous n'avons pas d'autres motifs de
« consentir à la vérité de la foi.

« J'ai donc l'intention de procéder comme
« il vient d'être dit. Je m'efforcerai d'abord de
« *rendre manifestes les dogmes que la foi*
« *professe, en même temps que la raison les*
« *découvre.* Je les établirai sur des *démons-*
« *trations* dont quelques unes seront tirées
« des livres des philosophes et des saints ; et
« qui, en confirmant la vérité, convaincront
« ses adversaires. M'élevant ensuite des choses
« plus claires aux choses plus obscures, j'ar-
« riverai à la manifestation des dogmes qui
« surpassent les forces de la raison, et je
« montrerai la vérité de la foi, en résolvant
« les objections de ses adversaires, autant que
« Dieu le permettra, au moyen de raisonne-

« mens et d'autorités. Ainsi sera accompli « notre dessein, de rechercher par la voie de « la raison tout ce que l'esprit humain peut « découvrir de Dieu (1). »

On vient de voir, dans ce résumé si simple et si clair, l'emploi que les écoles chrétiennes faisaient de la philosophie et de l'évidence avant Descartes, et l'emploi qu'elles en font encore aujourd'hui. Si l'on substituait dans nos écoles le livre de saint Thomas *contre les nations* aux traités de philosophie qu'on y enseigne, il n'y aurait de changé que quelques démonstrations particulières; car l'Église profite de toutes les méditations nouvelles que le temps inspire au génie de ses amis et de ses ennemis, et les paroles de Clément d'Alexandrie n'ont pas cessé d'être les nôtres : « Ce « que nous appelons la philosophie n'est pas « celle des stoïciens, de Platon, d'Épicure ou « d'Aristote, mais le choix formé de ce que « chacune de ces sectes a pu dire de vrai, de « favorable aux mœurs, de conforme à la Re- « ligion. » La seule différence qui existe sous ce rapport entre l'époque présente et les siècles

(1) Saint Thomas, *Contre les nations*, ch. 2, 3 et 9.

antérieurs, c'est qu'auparavant les noms de Platon et d'Aristote dominaient *l'éclectisme chrétien*, tandis que, depuis Descartes, aucun philosophe n'a été assez puissant pour que son nom fût dans l'Église le nom même de la philosophie. Ni Descartes, ni Malebranche, ni Leibnitz, ni M. de Bonald, les quatre grands philosophes chrétiens des temps modernes, n'ont élevé un monument assez complet, n'ont acquis un ascendant assez universel pour devenir les pères du troisième âge philosophique. Ils ont rendu tous quatre de mémorables services à la vérité : Descartes, en abolissant les abus de la philosophie péripatéticienne, et en tirant du doute même des démonstrations de l'âme et de Dieu, qui sont ce qui a été fait de plus beau contre le scepticisme ; Malebranche, en développant avec un art infini les causes de nos erreurs ; Leibnitz, en honorant les mystères chrétiens par des explications auxquelles son génie et sa vaste science imprimaient un sceau que nul ne pouvait mépriser ; M. de Bonald, en démontrant que le langage, instrument nécessaire de la pensée, avait été donné de Dieu aux hommes, et que la société, dépositaire de la parole, l'est aussi des vérités primordiales et invincibles sur lesquelles repose la vie des nations. Les ouvrages de ces grands hommes, en mettant à part les erreurs que le Saint-Siége a entendu noter dans Descartes, comptent parmi les plus beaux dons que Dieu ait faits à la vérité; ils ne peuvent être assez lus par ceux qui cherchent Dieu; et, si les noms de Platon et d'Aristote représentent dans le passé une plus vaste unité de doctrines, rappellent une gloire plus générale, ils le doivent peut-être moins au génie qu'au temps.

Aujourd'hui la philosophie ne peut plus enfanter d'école; elle pénètre sourdement dans quelques intelligences isolées; elle va çà et là trouver les esprits, comme la graine mûrie au soleil se détache de la plante, et, emportée par le hasard des vents, va germer sous mille cieux divers, tandis que la tige qui la porta meurt loin de ses filles, et n'en a pas une pour orner de près son tombeau. Si M. de Bonald avait vécu dans l'antiquité, sa vieillesse eût été entourée d'une postérité nombreuse; il eût élevé sa tête avec gloire au-dessus de ses enfans; mais il a vécu dans notre âge, où l'Église seule *rassemble ses petits sous ses ailes;* et l'homme qui a dit à son siècle de si profondes vérités, qui a tiré tant d'intelligences des routes perdues, vit solitaire dans les montagnes, et ne recevra que de la main de Dieu la double couronne du génie et de la vertu.

La grande erreur de M. de La Mennais, après l'exemple de tous ces hommes éminens, sa grande erreur, quelle que fût d'ailleurs sa philosophie, a été de vouloir fonder une école philosophique, et d'espérer que cette école serait le lien des esprits, la base de la religion, le salut de la société. Il n'y pas eu depuis Jésus-Christ une erreur plus décevante que celle-là. Jusqu'alors, comme on vient de le voir, la philosophie n'avait été dans l'Église qu'une *préparation à la foi* par la démonstration des vérités religieuses accessibles à la raison, et qu'une *confirmation de la foi* par l'explication vraisemblable des vérités inaccessibles à la raison. Jamais la philosophie n'était allée plus loin dans l'Église; et elle ne le pouvait pas, puisque tous les Pères et tous les docteurs chrétiens démontraient de concert l'impuissance de la philosophie et la nécessité d'une parole divine transmise et enseignée par l'autorité de l'Église catholique. M. de La Mennais le premier a voulu *établir la foi* par la philosophie même, unir par elle les intelligences divisées. Il a rassemblé toutes les forces de son esprit et de son caractère pour fonder sur une école philosophique la paix du monde, le salut de l'avenir. Eh bien! qu'avons-nous recueilli de tant de travaux? Ne pourrions-nous pas nous arrêter ici, et nous contenter d'en appeler à ce gémissement qui sort de tous les cœurs? Mais il faut, après que nous aurons résumé ce qui précède, examiner de plus près de quel secours pouvait être à la défense du Christianisme la nouvelle philosophie.

—

CHAPITRE IX.

Résumé de ce qui précède, et définition de la certitude.

On a vu dans les chapitres précédens quelle a toujours été la doctrine de l'Église par rapport à la défense du Christianisme, et en quoi consiste le système que M. de La Mennais a voulu substituer à cette doctrine antique et inébranlable. Dans la pensée constante des Pères et des docteurs, la raison de l'homme repose sur un fonds de vérités universelles, perpétuelles, immuables, qui nécessitent l'adhésion de chaque esprit par une évidence invincible, et que chaque esprit retrouve dans tous les esprits, sauf un petit nombre qui sont convaincus de folie, par cela seul qu'ils ne possèdent pas ce fonds commun de vérités. Ces vérités s'appellent *axiomes*, *premiers principes*, *sens commun*, et on les a aussi désignées sous le nom de *croyances et de foi*, non pas qu'il n'y ait entre elles et la foi proprement dite une différence infinie, puisque la foi proprement dite suppose une vérité obscure crue sur un témoignage extérieur, tandis que la foi aux vérités premières n'est autre chose que l'adhésion à une lumière intérieure irrésistible; mais on leur a néanmoins donné le nom de *croyances et de foi*, parce qu'elles ne s'établissent pas par voie de démonstration, attendu qu'il n'y a rien de plus clair qu'elle-même dans l'esprit humain, et que toute démonstration consiste essentiellement à répandre la lumière de ce qui est connu sur l'ombre de ce qui est inconnu.

Au delà des vérités universelles, perpétuelles, immuables, nécessitantes, commence le règne de la liberté humaine : l'univers a été livré à la dispute des hommes qui s'entendent, même lorsqu'ils ne s'accordent pas, parce que, dans leurs opinions contradictoires, ils partent tous invinciblement du sens commun. Mais qui les accordera donc, puisque la nécessité n'est plus là pour les unir? Qui mettra la paix entre ces intelligences innombrables, qui, éloignées du sens commun par la longue chaîne de leurs déductions, ne discernent plus que vaguement la lumière des premiers principes? Dans l'ordre physique, ce seront les faits; dans l'ordre moral, ce sera l'expérience de la société, obligée de mourir si elle n'a pas un Dieu, un culte, la foi au bien et au mal, aux peines et aux récompenses d'une autre vie; dans l'ordre philosophique et religieux, ce sera l'Église qui termine le monde intellectuel avec un horizon plus lumineux encore que le firmament des premiers principes par lequel il est commencé, mais lumineux d'une manière bien différente : car les premiers principes nécessitent l'intelligence, tandis que l'Église est le lieu où la plus grande liberté s'unit à la plus grande lumière; en sorte que l'homme qui part de la nécessité voit, à mesure qu'il s'élève vers Dieu, une lumière plus éclatante et des abîmes plus profonds où il dépend de lui de se perdre. Admirable ordonnance, par laquelle Dieu a fait de la possession même de la vérité une vertu!

Ainsi le monde intellectuel, dans cette doctrine de nos ancêtres, ressemble à une vaste mer éclairée d'un horizon à l'autre par deux phares immenses et impérissables, que toute la fureur des flots qui les entourent n'ébranlera ni n'obscurcira jamais. A mesure qu'on s'éloigne du premier, et que ses feux deviennent moins vifs, à cause de la distance, l'autre se lève plus radieux, de la même manière qu'en passant d'un pôle à l'autre les étoiles qui éclairent le nouveau monde succèdent aux étoiles de l'ancien. Entre les deux phares, sur les eaux agitées de l'intelligence, flottent des vaisseaux et de simples feuilles tombées de l'arbre de la vie : les vaisseaux sont les sociétés humaines, les feuilles sont les hommes qui se sont détachés de la société de leurs semblables par une volonté corrompue. Ennemies de la lumière divine, elles voudraient ne pas s'éloigner du premier phare; mais les vents les emportent malgré elles, et alors, pour ne pas voir la lumière qu'elles redoutent, elles plongent au sein des flots où elles se disputent entre elles, et où il leur reste encore assez de clarté pour compter des gouttes d'eau. Les grands vaisseaux ne peuvent plonger ainsi dans l'abîme; ils y périraient à cause de leur pesanteur; et c'est pourquoi, lorsqu'ils veulent fuir la lumière divine, tout ce qu'ils sauraient faire, à force d'art, c'est de s'enfoncer dans des rades écartées, derrière des rocs battus de la tempête, où ils aperçoivent toujours un reflet de la lumière sainte, mais affaibli et dénaturé par les ténèbres qui s'y mêlent.

En d'autres termes, et pour sortir de ces images dont on pourrait accuser la justesse, le monde intellectuel est assis sur quatre autorités diverses, savoir : dans l'ordre fondamental ou logique, sur *l'autorité de la nécessité*; dans l'ordre physique, sur *l'autorité des faits*; dans l'ordre moral, sur *l'autorité; de la société* dans l'ordre philosophique et religieux, sur *l'autorité de l'Eglise catholique*. Et ces quatre autorités reposent elles-mêmes sur leur évidence, et se vérifient par l'union qu'elles engendrent dans les esprits. Car c'est d'elles que naît sur la terre toute union des esprits. L'autorité de la nécessité, dans l'ordre logique, engendre l'union des esprits, qu'on appelle le *sens commun*; l'autorité des faits, dans l'ordre physique, engendre l'union des esprits, qu'on appelle la *science*; l'autorité de la société, dans l'ordre moral, engendre l'union des esprits, qu'on appelle l'*honnêteté*; l'autorité de l'Église catholique, dans l'ordre philosophique et religieux, engendre l'union des esprits qu'on appelle la *foi*. Et ainsi la certitude se compose de trois élémens : l'évidence, l'autorité et l'union des esprits. L'évidence discerne l'autorité, et l'autorité produit l'union des esprits, qui vérifie à la fois l'autorité d'où elle découle, et l'évidence où s'appuie primitivement l'autorité. D'où il suit qu'on peut définir la certitude : l'*Union des esprits dans les divers ordres de la pensée, sous les lois de diverses autorités légitimes et évidentes.*

Descartes avait ébranlé un moment, dans l'ordre logique, l'autorité d'où découle la force des premiers principes (1). Aristote, au temps de son règne, avait ébranlé, dans l'ordre physique, l'autorité des faits, pour y substituer la sienne. Mais, sauf ces deux exceptions passagères, les docteurs chrétiens reconnurent toujours, comme source de l'union des esprits et de la certitude, les quatre autorités évidentes énoncées plus haut. Quant à la philosophie, ils avaient constaté qu'elle était impuissante pour unir les intelligences, non pas qu'elle manquât de démonstrations évidentes, mais parce qu'elle manquait d'autorité, et qu'en-

(1) « Nous douterons même de ces premiers principes que nous avons réputé jusqu'à présent connus par eux-mêmes. » (Descartes, *Principes de la Philosophie.*)

core bien qu'elle n'en manquât pas, la volonté dépravée des hommes empêcherait, en ce cas, son effet naturel; d'où ils avaient conclu la nécessité d'un enseignement divin pour unir les intelligences dans l'ordre des devoirs et des choses invisibles, et plaçant là toute la défense du Christianisme, la philosophie n'avait plus été qu'une *préparation à la foi, et une confirmation de la foi.*

Qu'a fait M. de La Mennais ? Il a renversé de fond en comble cette antique organisation de la vérité, s'il est permis de parler ainsi. La certitude résultait de trois élémens : l'évidence, l'autorité et l'union des esprits. M. de la Mennais a d'abord nié les droits de l'évidence, et mis de vive force l'autorité en tête de la raison. Puis, à la place des quatre autorités différentes que nous avons vues correspondre aux divers ordres de la pensée, il en a substitué une seule, savoir, la *raison générale*, dont l'Église elle-même ne serait qu'une manifestation et un complément. Enfin, au lieu que l'union des esprits n'était un caractère de la certitude, qu'autant qu'elle se référait à une autorité légitime et évidente, M. de La Mennais y a vu partout et toujours le signe exclusif de la vérité, et proclamant infaillible le genre humain, qui est la plus grande union visible des esprits, il a fondé toute la défense du Christianisme sur cette infaillibilité. Il nous reste à apprécier l'utilité de cette conception.

—

CHAPITRE X.

Que le Système philosophique de M. de La Mennais est inutile à la défense du Christianisme.

En donnant pour base à la défense du Christianisme l'infaillibilité du genre humain, M. de La Mennais avait été séduit par une grande espérance religieuse. Il espérait pousser à bout la résistance que l'homme oppose à la lumière de la vérité, et le contraindre de recevoir les croyances chrétiennes, sous peine de renoncer à toute certitude, à toute raison, à l'humanité même, et d'être, par conséquent, convaincu de folie. Si son dessein se fût accompli, il n'y eût eu sur la terre que deux classes d'hommes, des chrétiens et des fous. Et comme les passions ne sont pas assez fortes pour se satisfaire toujours au prix de la folie, la liberté qui existe aussi bien pour l'esprit que pour le cœur, perdait une moitié de son empire, les hommes étaient sauvés de l'erreur par la logique avec une sorte de nécessité. Mais la liberté ne s'emprisonne pas ainsi, et les fers mêmes qu'on lui forge servent quelquefois à étendre son empire. L'homme qui résiste à l'histoire jusqu'à se persuader que l'auteur de l'Évangile n'exista jamais, parce qu'il a peur de l'Évangile, qui nie l'autorité de l'Église, pour échapper aux remords de la vérité; cet homme-là sera peu embarrassé de la philosophie du sens commun; il disputera cent ans contre elle avec autant de facilité qu'une foule de chrétiens l'ont fait depuis quatorze ans. Car, qui pourrait le convaincre de la vérité de cette philosophie, si ce n'est son évidence, ou l'évidence de sa nécessité, c'est-à-dire, toujours l'évidence? Or, il nie les faits du Christianisme qui sont évidens : pourquoi ne nierait-il pas une philosophie, fût-elle évidente? Il nie l'autorité de l'Église qui est évidente : pourquoi ne nierait-il pas l'autorité du genre humain, fût-elle évidente? Et, s'il n'est pas fou dans le premier cas, pourquoi le serait-il dans le second? Mais, si celui qui nie la philosophie de M. de La Mennais n'est pas fou, cela suffit, M. de La Mennais n'a pas placé la raison de l'homme entre le Christianisme et la folie ; elle reste comme auparavant entre l'évidence de la vérité et les ténèbres des passions. D'où il suit que la philosophie du sens commun n'atteignait pas le but de son auteur, qui était de soulever l'erreur avec un levier plus puissant que l'évidence, et d'introduire les âmes de vive force, pour ainsi dire, dans le sanctuaire de la vérité. La philosophie du sens commun fût-elle vraie, le genre humain fût-il infaillible en effet, encore faut-il l'établir, et par conséquent en appeler à une évidence quelconque. *Car l'esprit humain ne peut céder qu'à l'autorité de l'évidence ou à l'évidence de l'autorité*, pour me servir du jeu de mots profond de M. de Bonald. Qu'est-ce qu'une autorité qui ne serait pas évidente en quelque manière? Quel motif aurait l'homme d'y soumettre ses pensées et ses actions? L'autorité n'est qu'un intermédiaire entre la lumière finie de l'homme et la lumière infinie de Dieu, semblable à un corps placé dans l'espace entre deux soleils inégaux, et qui, réfléchissant les rayons de l'un et de l'autre, les mêleraient ensemble au point de rencontre de ses deux hémisphères. Dans les choses logiques comme dans les choses spirituelles, l'homme va de la lumière à la lumière, *a claritate in claritatem* (1); la lumière est son point d'appui et son point de repos. Car, s'il ne s'appuyait pas sur la lumière, comment distinguerait-il la véritable autorité?

Nous accordons à M. de La Mennais que la voie d'autorité est la voie établie par Dieu pour arriver à la connaissance du vrai; nous le lui accordons d'autant plus volontiers que l'Église dit absolument la même chose. Mais quelle est l'autorité qu'il faut suivre? est-ce l'autorité du genre gumain, ou l'autorité de l'Église, ou d'autres autorités? Voilà la question. Qui décidera cette question? Jusqu'à M. de La Mennais, on avait cru que dans l'ordre philosophique et religieux, l'évidence la décidait en faveur de l'Église catholique, qui, par un enchaînement de merveilles, avait obtenu ici-bas *le comble de l'autorité*, selon l'expression de saint Augustin. M. de La Mennais a cru découvrir dans cette doctrine un venin funeste et caché; il a dit que ce n'était pas à l'évidence,

(1) Saint Paul, 2e ép. aux Corinth., ch. 3.

mais au genre humain de juger la question, c'est-à-dire qu'il a invoqué l'autorité du genre humain pour établir l'autorité de l'Église catholique. Accordons pour un moment qu'il ait bien fait. Mais on insiste, et on demande : comment savoir que l'autorité du genre humain est la première autorité, celle dont toutes les autres ne sont qu'une conséquence et une manifestation ? N'est-ce pas au moyen d'une évidence quelconque ? Donc dans le système de M. de La Mennais, comme dans la doctrine ordinaire, l'évidence est la dernière raison des choses. Au delà de l'autorité, on conçoit toujours cette question : pourquoi telle autorité plutôt que telle autre? tandis qu'au delà de l'évidence on ne conçoit que le scepticisme, ou bien cette question ridicule : pourquoi telle évidence plutôt que telle autre, c'est-à-dire pourquoi la lumière plutôt que la lumière.

M. de La Mennais a très bien senti cette difficulté fondamentale, et prenant hardiment son parti, il a déclaré qu'il fallait admettre *sans preuves* l'autorité du genre humain. Voici ses propres paroles : « On n'a pas assez re-« marqué la liaison nécessaire qui existe entre « la certitude et l'infaillibilité. Une chose qui

« peut être vraie ou fausse n'est pas certaine. « Tout ce qu'affirme comme vrai une raison « qui peut se tromper, peut être faux, tout ce « qu'elle affirme comme faux, peut être vrai. « Donc, rien de ce qu'affirme une raison qui « peut se tromper ou une raison faillible n'est « certain. Donc chercher la certitude, c'est « chercher une raison infaillible; *et son in-« faillibilité doit être crue, ou admise sans « preuves*, puisque toute preuve suppose des « vérités déjà certaines, et par conséquent « l'infaillibilité de la raison qui les affir-« me (1). » Eh bien, nous accordons tout cela provisoirement. Mais puisqu'il faut admettre *sans preuves* une raison ou une autorité infaillible, pouquoi ne pas admettre aussi bien *sans preuves* la raison ou l'autorité infaillible de l'Église, que la raison ou l'autorité infaillible du genre humain? Quel motif peut-il y avoir de préférer l'une à l'autre, de commencer par l'une plutôt que par l'autre? Evidemment M. de La Mennais a cru que l'autorité du genre humain était plus claire, plus incontestable,

(1) Avertissement de la 4e édition du 2e volume de l'*Essai sur l'Indifférence*.

plus facile à connaître que l'autorité de l'Eglise catholique. Evidemment il s'est dit : entre l'homme et l'Église il existe un abîme. Sans doute Dieu y a jeté des merveilles infinies ; il y a jeté le sang de son fils unique, et mille nations ont passé par ce chemin. Mais si l'on pouvait abréger la route encore ; si la distance qui sépare la raison humaine de la raison divine, n'était plus que la distance qui sépare la raison de chaque homme de la raison de tous ; si entre l'homme et Dieu, il n'y avait pas plus de chemin *qu'entre l'homme et les hommes ;* en un mot, si l'autorité infaillible du genre humain conduisait à l'autorité infaillible de l'Église catholique ; si même l'Eglise catholique n'était qu'une manifestation, un développement de la raison générale, ne serait-ce pas un avantage inappréciable de pouvoir dire à l'homme qui nie le Christianisme : vous niez la raison humaine, et par conséquent votre propre raison ? M. de La Mennais a nécessairement raisonné de cette manière, ou d'une manière analogue. Il y a donc eu pour lui une question d'évidence dans la connexion surbordonnée qu'il a établie entre l'autorité du genre humain et celle de l'Eglise. Or, c'est tout ce que nous prétendons, et ce qui suffit pour affirmer que, dans son système comme dans la doctrine ordinaire, l'évidence est la dernière raison des choses.

Il est important de le bien comprendre. Entre la doctrine de M. de La Mennais et l'ancienne doctrine, la question n'est pas de savoir s'il faut rejeter ou admettre l'autorité, mais quelle est l'autorité qu'il faut reconnaître. Soit que l'on considère l'ordre logique, l'orde physique, l'ordre moral, l'ordre philosophique et religieux, dans tous les cas, les docteurs chrétiens ont vu qu'il n'existait point de certitude sans *union des esprits*, et que les esprits *ne s'unissaient que par l'autorité*. Tous ont convaincu d'impuissance la philosophie, par cette seule raison qu'elle *n'unissait pas les esprits*, et ils ont très bien jugé que ce n'était pas faute de démonstrations évidentes, mais faute d'autorité, que cette union n'avait pas lieu en philosophie. C'était dans l'espérance de fonder définitivement la philosophie, en l'appuyant sur l'autorité, qu'ils avaient élevé dans le moyen-âge la suprématie d'Aristote. Et lorsque M. de La Mennais publia le premier volume de l'*Essai sur l'indifférence*, la cause de son succès prodigieux et unanime fut, qu'il y démontrait admirablement un principe admis de tous les catholiques, savoir : *la nécessité de l'autorité*. Les esprits ne se divisèrent qu'après la publication du second volume, lorsque M. de La Mennais eut substitué aux anciennes autorités une autorité unique, dont personne n'avait jamais entendu parler avec cette extension. La question est donc de savoir si cette substitution a été heureuse et légitime, quelle est l'autorité régulatrice de la raison humaine, s'il y en a une, s'il y en a plusieurs, quelles elles sont. Or, comment le savoir, sinon à l'aide de l'évidence ? Comment le savoir sans l'application de cette parole de M. de Bonald, traduite de saint Augustin : *l'esprit humain ne peut céder qu'à l'autorité de l'évidence ou à l'évidence de l'autorité ?* Saint Augustin a dit en effet, et cette maxime est fondamentale : *la raison et l'autorité ne sont jamais entièrement séparées, parce que c'est la raison qui considère à quelle autorité il faut croire* (1). Voilà pourquoi l'évidence est la dernière raison des

(1) *Neque auctoritatem ratio penitus deserit cùm consideratur cui sit credendum.* (De verâ Religione, *ch.* 24.)

choses, pourquoi aucun système ne place l'homme entre le Christianisme et la folie, pourquoi enfin il n'est pas exact de dire que *l'autorité doit être crue, ou admise sans preuves*. Elle doit, au contraire, être évidente pour être crue.

Or, nous avons dessein de comparer la nouvelle doctrine à l'ancienne, sous le rapport de leur évidence respective. Nous avons dessein de montrer que cette doctrine, qui devait abréger la route du monde invisible et l'aplanir, en accroît de beaucoup les difficultés; et ensuite, qu'elle renferme, par voie de conséquence et à l'insu de son auteur, un protestantisme nouveau, plus vaste et plus profond que l'ancien.

Nous avons dessein de montrer que, des cendres du genre humain où dorment pêle-mêle avec les siècles le bien et le mal, les ténèbres et la lumière, les passions exécrables et magnanimes, nos descendans feront sortir avec autorité tous les rêves de leur propre esprit, bien plus qu'ils n'en feront sortir la vérité, comme la pythonisse d'Endor, qui, pour avoir évoqué une fois du passé l'ombre de Samuel, n'en évoqua pas moins mille fois tous les spectres de l'enfer. Nous avons dessein de montrer que l'homme s'étant trouvé trop faible contre l'Église depuis dix-huit cents ans, ne l'attaquera plus désormais qu'avec toute l'armée de ses semblables : ce sera la poussière des morts qu'on jettera contre le ciel, les temps anéantis qu'on opposera à l'éternité, l'autorité sans organe du genre humain à l'autorité de l'Église, l'universalité abstraite à la catholicité. Et si nous le prouvons, il restera établi qu'en adoptant le système philosophique de M. de La Mennais, c'est-à-dire, en consacrant l'infaillibilité du genre humain, l'Église eût signé de sa main son arrêt de mort.

Reprenons avec ordre ces pensées. Nous avons dit d'abord qu'il était plus difficile d'arriver au Christianisme par la philosophie du sens commun que par la voie jusque là usitée dans l'Église; et, avant d'en donner la preuve, je parlerai de mon expérience personnelle.

J'avais vieilli neuf ans dans l'incrédulité, lorsque j'entendis la voix de Dieu qui me rappelait à lui. Si je recherche au fond de ma mémoire les causes logiques de ma conversion, je n'en découvre pas d'autres que l'évidence historique et sociale du Christianisme, évidence qui m'apparut dès que l'âge me permit d'éclaircir les doutes que j'avais respirés avec l'air dans l'Université. J'indique la source de mes doutes, quoique j'aie résolu de ne laisser tomber de ma plume aucune parole blessante, parce que, privé de bonne heure d'un père chrétien, et élevé par une mère chrétienne, je dois à la mémoire de l'un et à l'amour de l'autre de déclarer toujours que je reçus d'eux la religion avec la vie, et que je la perdis chez des étrangers imposés à eux et à moi. Lors donc que j'eus atteint l'âge où la raison commence à prendre de la force, la lecture et la discussion des faits chrétiens me persuadèrent facilement de leur vérité, et depuis, leur évidence est devenue si vive dans mon esprit, qu'elle m'ôterait le mérite de la foi, si la foi n'était pas un mystère de la volonté où l'esprit ne joue qu'un rôle inférieur. Lorsqu'ensuite, après ma conversion, je lus les ouvrages de M. de La Mennais, cet homme célèbre, ce défenseur de ma foi ressuscitée, que j'avais tant de raisons de goûter, il m'arriva deux choses : je crus comprendre sa philosophie, quoique je ne la comprisse pas du tout, comme je m'en suis aperçu plus tard; et, quand elle me fut mieux connue avec le temps, elle me jeta dans des perplexités sans fin. Je m'en occupai pendant six années consécutives, de 1824 à 1830, sans pouvoir parvenir à fixer mes irrésolutions, quoique je fusse pressé par mes amis, dont plusieurs étaient ceux de M. de La Mennais. Ce ne fut qu'à la veille de l'année 1830, que je pris enfin mon parti, plutôt par lassitude que par une entière conviction; car, même au plus fort des travaux de *l'Avenir*, il passait de temps en temps dans mon esprit des apparitions philosophiques ennemies, et aujourd'hui je crois voir clairement la fausseté de l'opinion que j'avais avec tant de peine embrassée. Ainsi, arrivé facilement au Christianisme par la voie ordinaire, je m'y suis maintenu sans troubles par la même voie; la certitude que j'ai de sa vérité est parvenue à son comble; tandis que si j'eusse suivi la route tracée par M. de La Mennais, je ne serais pas encore chrétien. Sans doute, une expérience personnelle prouve peu de chose, elle peut être due à un tour particulier d'esprit; mais on va voir, ce me semble, que la mienne était fondée sur la nature des choses.

En effet, toute autorité devant être constatée par une évidence préalable, l'autorité du genre humain comme celle de l'Église catholique, il s'ensuit qu'il est plus difficile de reconnaître l'une ou l'autre, selon que l'évidence qui y conduit est plus ou moins facile à obtenir. Or, l'autorité de l'Église catholique est constatée par une évidence historique et sociale, c'est-à-dire, par une évidence de faits qui tombent sous les sens; tandis que l'autorité du genre humain est constatée par une évidence de pur raisonnement, dans la question la plus profonde de l'esprit humain, la question de la certitude. Tout homme de bonne foi peut se convaincre, avec très peu de travail, que l'enchaînement des faits chrétiens est au-dessus des forces humaines, si on les suppose faux; et encore au-dessus des forces humaines, s'ils sont vrais : de sorte qu'on ne peut expliquer leur existence qu'en y reconnaissant le doigt de Dieu. Au contraire, des hommes de bonne foi pourront disputer des siècles sur la raison particulière et sur la raison générale, parce qu'en cela il ne s'agit pas de voir ce qui est, mais ce qui doit être; et qu'il faut, pour méconnaître ce qui est, un aveuglement mille fois plus profond que pour repousser ce qui doit être. Le raisonnement n'est que notre propre esprit ; les faits sont quelque chose qui n'est pas nous, qui nous parle, qui nous poursuit, qui demeure quand nous passons, que nous ne pouvons pas tuer par un acte de notre volonté, comme nous étouffons notre pensée quand il nous plaît. Chacun de nous est le père de son raisonnement, et peut en être le parricide ; mais nous ne sommes que témoins des faits, et l'humanité tout entière nierait le soleil, s'arracherait volontairement les yeux pour ne plus le voir, que le soleil, continuant sa course, éclairerait de sa lumière l'homme nouveau-né qui n'apporterait dans son berceau aucune haine contre lui. Enfin il y a une expérience décisive à cet égard, c'est que tous les jours, dans les sciences et dans la vie, les faits mettent d'accord les esprits que le raisonnement a divisés.

On dira : Qu'y a-t-il de plus simple que de soumettre la raison particulière à la raison générale? Je réponds que rien n'est moins simple qu'un raisonnement, quel qu'il soit, parce qu'un raisonnement en engendre mille. C'est l'hydre de la fable avec ses têtes sans cesse renaissantes ; et, pour achever la comparaison, les faits sont au raisonnement ce que fut à l'hydre la massue d'Hercule. Lors donc que Dieu lia par des faits le monde visible au monde invisible, lorsqu'il jeta du ciel aux intelligences ce pont sublime de la croix, il accomplit un miracle de logique aussi bien qu'un miracle de charité, et éternellement toute philosophie sera impuissante pour y ajouter quelque chose.

On dira encore que l'autorité du genre humain ne s'établit pas par le raisonnement, qu'elle est un fait aussi bien que l'autorité de l'Église. « Quand donc on nous demande, dit « M. de La Mennais, comment nous prouvons « l'autorité, notre réponse est bien simple : « *nous ne la prouvons pas*. Mais, si vous ne la « prouvez pas, comment donc l'établissez-« vous ? sur quel fondement y croyez-vous ? « Nous l'établissons *comme fait*, et nous « croyons à ce fait, comme tous les hommes y « croient, comme vous y croyez vous-même, « parce qu'il nous est impossible de ne pas y « croire. Nous croyons tous invinciblement « que nous existons, que nous sentons, que « nous pensons, qu'il existe d'autres hommes « doués comme nous de la faculté de sentir et « de penser, que nous communiquons avec « eux par la parole, que nous les entendons,

« qu'ils nous entendent, et qu'ainsi nous com-
« parons nos sensations à leurs sensations, nos
« sentimens à leurs sentimens, nos pensées à
« leurs pensées. Nul homme n'a le pouvoir de
« douter de ces choses, quoiqu'il soit impossi-
« ble de les démontrer. Or, la pensée ou la rai-
« son particulière de chaque homme, manifes-
« tée par la parole, voilà le témoignage; l'accord
« des témoignages ou des raisons individuelles,
« voilà la raison générale, le sens commun,
« l'autorité; et chacun de nous croit invinci-
« blement à l'existence de l'autorité comme à
« celle du témoignage. Ainsi, encore une fois,
« l'autorité est pour nous un fait; et il est de
« fait encore qu'un penchant naturel nous
« porte à juger de ce qui est vrai ou faux d'a-
« près le consentement commun ou sur la plus
« grande autorité; que, pleins de défiance
« pour les opinions, les faits dépourvus de cet
« appui, nous attachons la certitude à l'accord
« des jugemens et des témoignages; que, si cet
« accord est général, et, plus encore, s'il est
« universel, on cesse d'écouter les contradic-
« teurs, et d'essayer de les convaincre; on les
« méprise comme des insensés, des esprits ma-
« lades, des intelligences en délire, comme des

« êtres monstrueux qui n'appartiennent plus à « l'espèce humaine (1). »

Que l'autorité du genre humain, dans l'extension que lui a donnée M. de La Mennais, soit un fait qui tombe sous les sens, nous ne le croyons pas; car, s'il en était ainsi, tout homme qui nie la philosophie de M. de La Mennais serait actuellement enfermé à Charenton, comme y sont enfermés tous ceux qui nient l'autorité réelle du genre humain, c'est-à-dire, les premiers principes de la raison. Mais ce n'est pas là de quoi il s'agit. Accordons à M. de La Mennais tout ce qu'il voudra à cet égard; accordons-lui que l'autorité du genre humain, telle qu'il l'entend, soit un fait aussi visible que l'autorité exercée sur une multitude innombrable d'intelligences par l'Église catholique. La question est de savoir sur quoi reposent cette autorité du genre humain et cette autorité de l'Église; car il ne suffit pas d'être une autorité, d'exercer une influence sur les esprits, pour être par cela même dépositaire de la vérité. Il faut, selon les paroles de saint Augustin, que *la raison considère à quelle autorité elle doit croire*. Aussi M. de

(1) *Défense de l'Essai sur l'Indifférence*, ch. 14.

La Mennais, tout en répétant plusieurs fois qu'il ne veut pas raisonner sur l'infaillibilité du genre humain, raisonne à l'infini sur cette infaillibilité, et son premier raisonnement est *qu'il faut l'admettre sans preuves, sous peine d'être sceptique.*

« On ne saurait prouver directement, dit-il, « l'infaillibilité de la raison humaine, parce « que les preuves qu'on en donnerait, ou ne « prouveraient rien, ou supposeraient l'infail- « libilité même qu'il s'agit de prouver. *Mais, si « l'on ne suppose pas la raison humaine infail- « lible, il n'y a plus de certitude possible*, et, « *pour être conséquent, il faudrait douter de « tout sans exception* (1). »

Or, n'y eût-il que ce raisonnement dans les cinq volumes de l'*Essai*, il suffirait à lui seul pour en engendrer des milliers, non seulement parce qu'il est *prodigieux*, mais par cela seul que c'est un raisonnement. Au contraire, quand on demande à l'Église sur quoi repose son autorité, elle ne raisonne pas, elle raconte, elle agit; elle fait comme ce philosophe devant qui on niait le mouvement,

(1) 2° vol. de l'*Essai*, ch. 14, en note.

et qui se contenta de marcher. Elle fait comme son divin fondateur qui enseignait avec autorité, *quasi potestatem habens* (1), et qui prouvait son autorité, non par des dissertations, mais par des *signes*. Pour que l'autorité du genre humain fût appuyée sur des faits, et égalât en clarté l'autorité de l'Église, il faudrait que le genre humain eût opéré des miracles, rendu la vue aux aveugles, l'ouïe aux sourds, guéri les lépreux, ressuscité des morts, et qu'il sortît lui-même du tombeau.

Car où est le genre humain? Qui l'a vu? Qui l'a entendu? Où sont ses missionnaires? Quel est son organe? A peine sommes-nous nés, que l'Église s'approche de notre berceau; elle nous ouvre les oreilles et les yeux; elle nous fait entendre les premiers sons de la langue universelle, dépositaire des vérités divines; ses cérémonies frappent nos sens encore étonnés d'être; ses monumens nous avertissent, par leur grandeur, de la puissance infinie qui porta les hommes à les élever : tout nous révèle sa vie et son action. S'agit-il des peuples encore ensevelis dans l'erreur, le bruit de la

(1) Évangile de saint Marc, chap. 1.

civilisation catholique, porté sur toutes les mers par les vaisseaux de l'Europe, vient sans cesse troubler leur ignorance; des ambassadeurs envoyés par l'Église, sous le simple nom de missionnaires, leur apportent sans jamais se lasser, avec le don de la parole sainte, la connaissance de l'autorité qui en est l'organe vivant et infaillible. Placé au lieu le plus célèbre du monde, le père des Chrétiens, le vicaire de Jésus-Christ y élève une voix que le sauvage entend dans ses forêts, le Chinois à l'extrémité du monde, l'Indou au bord de ses fleuves, le Tartare dans ses déserts, l'Arabe au milieu des sables de son pays, l'insulaire au fond de ses îles où l'océan gronde en vain, les rois dans leurs palais, le pauvre sous son toit, le prisonnier dans son cachot, le voyageur partout. La lumière du soleil et la voix de l'Église font toutes les deux chaque jour le tour du monde. Mais encore une fois, qui a vu, qui a entendu le genre humain? Où sont ses missionnaires? Quel est son organe? Qui est le vicaire de l'humanité? L'humanité repose obscure dans le passé et dans l'avenir; et le lieu du monde où elle est le plus visible, ce sont les bibliothèques, ces autres sépulcres. L'Église nous cherche et nous parle la première : le genre humain interrogé se tait d'un silence éternel. L'Église est vivante : le genre humain est mort ou n'est pas né, et les générations qui s'agitent entre ces deux tombeaux, condamnées à l'ignorance, ne connaissent ni leurs pères ni leur postérité. Est-ce donc ce qui n'est plus et ce qui n'est pas encore, est-ce donc la poussière des livres et les rêves de l'inconnu que Dieu nous a donnés pour la règle de nos jugemens, et comme le chemin le plus court pour arriver à lui? Rappelons-nous pourquoi saint Augustin estimait nécessaire que la vérité se transmît par voie d'enseignement et d'autorité : c'était pour que les sages, purifiés par l'action de l'Église, devinssent capables de la contemplation de la vérité, et pour que la vérité fût mise à la portée du peuple. Or, le genre humain purifiera-t-il le cœur des sages, et sa voix de mort, sortant de la poudre des bibliothèques, sera-t-elle entendue du peuple? Il est bien aisé de dire : Le genre humain croit telle et telle chose, voici la parole du genre humain. Mais, en bonne foi, n'est-ce pas plutôt la vôtre? Le genre humain n'a point de parole, pas plus que l'Église n'aurait de parole si elle n'était composée que de simples fidèles, si les prêtres et les évêques eux-mêmes n'avaient au-dessus d'eux un chef unique, organe vivant du corps entier. Le genre humain a des membres qui tous ont besoin d'être instruits et dirigés, il n'a point de tête qui instruise et dirige ses membres; et ses oracles, s'il en rend; sont comme les pages de la sibylle, ou comme les feuilles du chêne de Dodone emportées par les vents.

Supposez même que l'autorité du genre humain pût être aussi clairement établie que celle de l'Église, quelle différence de clarté dans la manifestation de leurs pensées! Je n'ai qu'à écouter l'Église pour connaître sa doctrine, et le dernier gardeur de troupeaux est capable de la connaître comme moi, pourvu qu'il veuille être docile; mais quel labeur pour parvenir à démêler la doctrine du genre humain! M. de La Mennais, qui n'a fait qu'en tracer une esquisse fort rapide, a néanmoins été contraint d'entasser six ou sept cents pages de citations, extraites des poètes, des philosophes, des lois et des historiens d'une multitude de siècles et de contrées. Quand vous lisez cela, votre vue se trouble à tout moment; le genre humain, au lieu de vous apparaître en une fois, comme l'Église, passe devant vous sous mille costumes divers, en parlant mille langues. Si vous voulez vérifier les textes, les peser, les comparer, sentir la justesse des interprétations qu'on en donne, c'est un travail considérable, même pour l'archéologue le plus instruit; les six cents pages forceront d'en lire des millions. Si vous ne vérifiez rien, qui vous assure de la portée véritable des textes qui passent devant vos yeux? Car il ne s'agit pas de l'exactitude matérielle, mais de la relation d'une ou deux phrases avec la pensée intime de peuples anéantis. De ce que des poètes ou des philosophes ont dit de fort belles choses sur la dégradation de l'homme, sur la nécessité d'un médiateur entre lui et Dieu; de ce que des usages, dont la valeur mystérieuse et traditionnelle échappait peut-être aux nations anciennes, ont des rapports plus ou moins frappans avec les dogmes du Christianisme, s'ensuit-il absolument que l'univers et l'antiquité aient *cru* ce que nous croyons? Des médailles conservées dans un cabinet prouvent-elles bien que leur possesseur ait l'idée des objets qu'elles représentent, et surtout qu'il en ait la foi? La plupart des nations, par exemple, mesurent le temps par semaines de sept jours : est-ce une preuve que ces nations savent et surtout croient que le monde a été créé en six jours par Dieu, et que Dieu s'est reposé le septième? Autre chose est de chercher dans ces sortes de reliques une confirmation de la vérité déjà établie, comme ont fait les pères de l'Église, ou d'y placer le fondement même de la certitude et de la vérité. Dans le premier cas, peu importe que les peuples aient compris ou n'aient pas compris, aient cru ou n'aient pas cru la tradition dont ils étaient dépositaires; dans le système de M. de La Mennais, il faut que les peuples aient eu la foi aux vers de leurs poètes, aux sentences de leurs philosophes, aux lois de leurs législateurs, aux traditions dont ils avaient des débris plus ou moins obscurs, ou que ces vers, ces sentences, ces lois, ces traditions aient exprimé véritablement la foi des peuples. La différence est infinie entre les deux situations. Les textes cités par M. de La Mennais me paraissent clairs, en général, comme médailles d'une révélation primitive; comme preuves de la foi du genre humain en cette révélation, je ne sais absolument qu'en penser; car il est très possible qu'un certain nombre d'esprits supérieurs, des prêtres, des sages, des législateurs, soient restés en rapport avec des vérités anciennes et les aient rappelées dans leurs écrits, sans que le peuple en ait eu connaissance, et il est encore très possible qu'il en ait eu connaissance sans y ajouter foi. Mais quand il deviendrait clair, à force d'études et d'attention, que le genre humain a cru à quelques dogmes qui sont le fondement du Christianisme, toujours est-il vrai qu'il est infiniment plus aisé de connaître la doctrine de l'Église que la doctrine du genre humain.

Et ainsi, en résumant ce qui précède, on voit que l'autorité et la doctrine de l'Église surpassent de beaucoup en évidence l'autorité et la doctrine hypothétiques du genre humain, et que par conséquent il est plus facile d'arriver au Christianisme par l'Église que par le genre humain; ce qui n'empêche pas qu'une fois l'autorité et la doctrine de l'Église établies, les traditions conservées dans le genre humain ne soient une admirable confirmation de cette doctrine et de cette autorité.

C'en serait assez déjà pour que M. de La

Mennais n'eût pas dû changer l'ordre de la discussion catholique, telle que l'avaient conçue tous les siècles antérieurs. Nous ajoutons que son système renferme un protestantisme plus vaste et plus profond que l'ancien, et pour l'établir, nous ferons à ce système la plus large concession possible : nous lui accorderons que tout ce que croit le genre humain est vrai.

CHAPITRE XI.

Que le Système philosophique de M. de La Mennais renferme le plus vaste protestantisme qui ait encore paru.

La vérité étant donc, par une supposition gratuite, dans le genre humain, comme le genre humain n'a point d'organe par lequel il s'exprime, il s'ensuit que la vérité y est contenue d'une manière latente, de la même manière qu'elle est contenue dans un livre qui a besoin d'une interprétation ultérieure. Encore est-ce dire beaucoup trop; car un livre véridique, la Bible par exemple, forme un seul corps dont toutes les parties sont rassemblées et harmonieuses, tandis que le genre humain est un livre qui n'est pas fait, dont les pages sont dispersées çà et là, les unes entières, d'autres à demi effacées par le temps, d'autres à jamais anéanties. C'est une église sans prêtres, sans évêques, sans pape et sans Bible; une église qui n'a tout au plus que des fidèles, et où brille seulement, dans la longue nuit des âges, l'étoile vagabonde d'une tradition abandonnée à elle-même. Si tout-à-coup le Vatican venait à tomber, en jetant à l'humanité une dernière parole de vie; si tous les évêques, tous les prêtres, tous les diacres de la chrétienté, réunis dans un immense et dernier concile, et chantant encore une fois le symbole, descendaient ensemble au même sépulcre; si le dernier exemplaire du livre par excellence, si la Bible, posée sur ce grand sépulcre, devenait elle-même la pâture des vers, et qu'ensuite les siècles, passant avec toute leur puissance, balayassent nos cathédrales et nos souvenirs, les restes confus de cette lamentable catastrophe de la vérité seraient le genre humain : temple vide, si ce n'est de ruines.

Or, faire de ce temple ainsi dépouillé, faire du genre humain ainsi déchu l'oracle infaillible de la philosophie et de la Religion, c'est, avons-nous dit, donner au protestantisme une base plus large qu'auparavant. Car en quoi consiste le protestantisme? A faire d'un livre muet et divin l'oracle infaillible des vérités religieuses, à prendre pour fondement quelque chose qui est vrai, qui est pur, qui est saint, qui a une autorité divine en soi, mais qui n'a pas d'organe, qui ne parle pas. Or, la vérité est tout au plus dans le genre humain comme dans un livre, supposé qu'elle y soit, et le genre humain n'a pas plus d'organe que la Bible, ne parle pas plus que la Bible. En vain a-t-on dit que les hommes se mettaient en communication avec le genre humain par la parole : les hommes se mettent par la parole en communication avec les hommes; ils se donnent et ils se rendent tout à la fois la vérité et l'erreur; mais nul homme ne converse même avec la portion du genre humain actuellement vivante, à plus forte raison avec celle qui n'existe plus et devant laquelle l'autre n'est qu'un point qui s'enfuit. Je ne parle pas de celle qui n'existe pas encore, quoique, à la rigueur, il fallût la consulter, pour être sûr de la pensée du genre humain. Même au jour du jugement, lorsque tous les temps et tous les peuples seront véritablement réunis, on n'entendra pas la voix du genre humain : l'Église seule aura un organe dans la personne de Jésus-Christ, son chef, à moins qu'on ne soutienne que Jésus-Christ est le chef du genre humain comme il est le chef de l'Église, et que les hommes non baptisés sont ses membres aussi bien que ceux qui ont été régénérés par l'eau et par l'esprit. Alors il faudrait ajouter qu'aujourd'hui le Pape est le chef du genre humain, puisqu'il est dans l'ordre visible, par rapport à l'Église, tout ce qu'est Jésus-Christ dans l'ordre invisible, par rapport à elle, et que par conséquent on fait partie de l'Église, non par le baptême, mais par la seule naissance. Et quand on soutiendrait ces principes, destructifs de la théologie chrétienne, on ne serait pas beaucoup avancé, le genre humain ayant été sans organe au moins avant Jésus-Christ, et toujours cependant l'oracle infaillible de la vraie Religion.

Mais s'il est impossible de trouver un organe au genre humain, s'il faut tirer la vérité de ses entrailles profondes à l'aide de l'interprétation privée, nous ne voyons pas quelle différence existe entre le protestantisme et la philosophie du sens commun, si ce n'est que la Bible chrétienne est mille fois plus facile à entendre que la Bible de l'humanité. En effet, la Bible chrétienne est la tradition écrite, la Bible de l'humanité est la tradition orale. Nous comprenons bien que ce mot d'*orale* peut faire illusion, qu'on peut croire qu'une tradition orale doit nécessairement parler. Il est néanmoins facile de s'apercevoir que son seul privilége est de passer de bouche en bouche, muette et sonore tout à la fois, impuissante comme l'Écriture à se défendre des outrages de l'interprétation, et plus impuissante qu'elle contre les outrages de la mémoire. Il y a aujourd'hui dix-huit cents ans passés que l'Église travaille à expliquer la tradition catholique et à la fixer par ses décrets; une multitude innombrable de discussions et de décisions semble l'avoir mise au dessus de toutes les injures de l'avenir. Eh bien! croit-on que si l'Église cessait de veiller à ce dépôt sacré, croit-on que si elle disparaissait à présent du monde, le Christianisme subsisterait par la seule force de la tradition? Croit-on que celui-là ne serait pas protestant, qui dirait : Je prends la tradition seule pour règle de mes jugemens en matière de foi, je la reconnais pour l'oracle infaillible de la vérité? *Point d'Eglise, point de Christianisme :* voilà ce que M. de La Mennais a démontré lui-même (1). Il a fait voir que les protestans, une fois séparés de l'Église, et quoiqu'ils eussent retenu l'Écriture sainte, c'est-à-dire la vérité, sont descendus peu à peu jusqu'au déisme, et menacent de descendre plus bas. Cependant rien n'altère l'Écriture sainte; elle reste toujours entière, toujours pure, toujours sainte, toujours la vérité même. Que serait-ce donc si les protestans eussent pris pour juge, au lieu d'un livre immuable, une tradition abandonnée à tous les hasards du temps? Que serait-ce si cette tradition n'était pas même la tradition catholique, mais la tradition primitive, perdue dans les ténèbres du passé? Qu'avait fait du monde, avant Jésus-Christ, cette tradition? Qu'étaient devenus les mœurs, les temples et la divinité même? Comment un état qui serait aujourd'hui et qui a été autrefois la ruine du Christianisme pourrait-il être le fondement du Christianisme?

Peut-être répondra-t-on qu'il y a dans la tradition orale un moyen de discerner la vérité qui n'existe pas pour la Bible, savoir l'univer-

(1) *De la Religion, considérée dans ses rapports avec l'ordre civil et politique*, ch. VI.

salité; que par l'universalité, on distingue aisément les traditions véritables des traditions fausses; que tout ce qui est local est faux, que tout ce qui est universel est vrai. Oui, mais qui décidera que telle doctrine est de tradition orale universelle, que telle autre n'en est pas? Qui rassemblera les témoignages épars? Qui réunira toutes les bouches en une seule? Ne sera-ce pas la raison de chaque homme, les lèvres de chaque homme? D'ailleurs on ne fait pas attention que la tradition n'est jamais orale que dans un moment, qu'elle est écrite pour tous les siècles antérieurs à ce moment, et que, dans le système de M. de La Mennais, il est nécessaire d'interroger tous les temps et tous les lieux. Qui les interrogera? Qui écoutera, qui traduira leurs réponses? Évidemment ce sera la raison de chaque homme, le sens privé de chaque homme. Car, si l'on dit que ce sera la raison de tous, on suppose premièrement, contre l'évidence, que tous sont capables de comprendre et de juger des questions de la plus abstruse archéologie, et en second lieu, qu'ils voudront les juger de la même façon, c'est-à-dire qu'on suppose que le protestantisme, qui a toujours désuni les intelligences, les unira cette fois. En un mot, il est impossible, quoi que l'on fasse, de concevoir une autorité sans organe, et il est impossible de concevoir quel est l'organe du genre humain. Certes, quand nous travaillions à *l'Avenir*, nous étions tous bien persuadés que l'autorité spirituelle approuvait nos travaux : or, je le demande, si nous n'avions eu affaire qu'au genre humain, en serions-nous où nous en sommes ? N'aurions-nous pas pu invoquer éternellement en notre faveur l'autorité du genre humain ? N'aurions-nous pas pu consumer notre vie, avec toutes sortes d'apparences, à prouver que le genre humain avait toujours cru ce que nous défendions ? Nos adversaires, il est vrai, eussent soutenu le contraire ; mais qui eût prononcé entre eux et nous ? La postérité ? Disons donc alors que nous prenons les siècles futurs pour la règle de nos jugemens, c'est-à-dire débarrassons-nous de toute règle, et que chaque génération aille attendre au cercueil la lumière de la vérité.

Oh ! que ce n'est pas ainsi que Dieu a établi les choses ! Il savait la faiblesse de notre esprit, et, de même qu'il a rassemblé la lumière qui éclaire nos yeux dans un seul foyer, il a rassemblé la lumière qui doit guider notre volonté dans un centre unique, sans lequel l'universalité n'est qu'une chimère insaisissable. En effet, on peut dire du genre humain, mais dans un autre sens, ce qui a été dit de Dieu : *C'est un cercle dont le centre est partout et la circonférence nulle part.* Chacun de nous, errant dans ce cercle sans limites, se fait centre de l'humanité, salue ses propres pensées du nom d'universelles, et s'il veut, en effet, vérifier leur universalité, il se traîne toujours soi-même avec soi dans ses recherches laborieuses ; il crie, et sa voix, frappant les espaces indéterminés qui l'entourent, ne lui rapporte qu'un écho de sa propre intelligence, d'autant plus trompeur qu'il est agrandi, ou si d'autres voix lui répondent, il prend le chœur lointain et harmonieux de quelques esprits pour la parole universelle. Or, l'universalité ne s'exprime que par l'unité, et il n'y a que deux unités : Dieu dans le ciel, et le pape sur la terre. Ou plutôt Dieu seul est véritablement un, et il nous a donné dans son vicaire une image de l'unité, afin que nous puissions entendre la parole universelle, et que nous *ne soyons pas comme de petits enfans, emportés à tout vent de doctrine.*

. . . .

Toute autre universalité, toute autre autorité que celle dont le souverain pontife est le lien, la tête et l'organe, est une universalité stérile, une autorité sans fondement, d'autant plus dangereuse qu'elle en a les apparences, et qu'elle donne à l'erreur un piédestal plus grand que l'homme. Le protestantisme consiste précisément en cela, à donner à l'erreur l'appui d'une autorité divine en soi, mais sans organe.

Encore donc que le genre humain eût en soi la vérité, il ne fallait pas en faire un juge infaillible des controverses, pas plus que la Bible, qui a la vérité en soi, n'est un juge infaillible des discussions qui s'élèvent entre les chrétiens. De même que les protestans disputent sans fin sur l'Écriture sainte, on peut discuter sans fin sur la doctrine de l'humanité, et par conséquent l'humanité n'est pas plus que l'Écriture sainte, la base de toute raison et de toute foi.

Nous savons bien que M. de La Mennais ne veut pas qu'on s'arrête au genre humain, que le genre humain n'est pour lui qu'une terre de passage, et qu'il établit que l'Église est la plus haute autorité visible, parce qu'elle réunit à la fois dans sa vaste plénitude l'autorité primordiale du genre humain et la sienne propre. « Depuis Jésus-Christ, dit-il, quelle autorité oserait-on comparer à celle de l'Église catholique, héritière de toutes les traditions primordiales, de la première révélation et de la révélation mosaïque, de toutes les vérités anciennement connues, dont sa doctrine n'est que le développement, et qui remontant ainsi à l'origine du monde, nous offre dans son autorité, toutes les autorités réunies?..... *Serait-ce l'autorité du genre humain attestant les vérités révélées primitivement?* Mais l'Église enseigne toutes ces vérités, elle les a reçues de la tradition, et cette tradition lui appartient avec toutes ses preuves, avec l'autorité qui en est le fondement, et qui est devenue une partie de la sienne (1). » C'est ici surtout qu'on aperçoit l'abîme creusé involontairement par M. de La Mennais sous l'édifice du Christianisme. Comme il a déclaré le genre humain infaillible en matière philosophique et religieuse, on aurait le droit de lui dire : N'allons pas plus loin, nous avons la certitude, la vérité, la foi, c'est

(1) *Essai*, 3e vol., ch. 22.

assez. Qu'est-il donc obligé de faire? Il est obligé de démontrer que l'autorité de l'Église est plus grande que l'autorité du genre humain. Mais comment une autorité, quelle qu'elle soit, peut-elle être plus grande qu'une autorité infaillible? L'infaillibilité est le terme extrême de l'autorité. Que la tradition primitive du genre humain se soit développée dans l'Église, que les promesses dont le genre humain était dépositaire se soient accomplies dans l'Église, à la bonne heure, cela se conçoit; mais on n'en est pas plus avancé. Car le genre humain, oracle et gardien infaillible des traditions qui devaient se développer, des promesses qui devaient s'accomplir, n'ayant pas d'organe pour attester ni les unes ni les autres, chaque homme reste juge de savoir quelles étaient ces traditions, quelles étaient ces promesses, si elles se sont effectivement développées et accomplies. Chaque homme reste libre, par une interprétation protestante, de tourner le genre humain contre l'Église, d'invoquer contre l'autorité de l'Église, l'autorité infaillible du genre humain. Et que répondre à un homme qui dirait : le genre humain est infaillible; or, le genre humain n'a pas cru au médiateur; donc le médiateur n'est pas venu. On lui répondrait que le genre humain a cru au médiateur ; on lui citerait des textes de poètes, de philosophes, d'historiens, comme on cite aux protestans des textes d'Écriture sainte : mais qui ne voit que l'obstination de l'un serait aussi naturelle que l'obstination de l'autre, et mille fois plus dangereuse, parce qu'on lui aurait accordé que le genre humain est une autorité infaillible, tandis qu'on montre au protestant que l'Écriture sainte n'est pas une autorité infaillible, attendu qu'elle ne parle pas, n'ayant pas en elle-même son organe.

Nous cherchons en vain comment, après avoir établi l'infaillibilité de la raison générale, on la subordonnerait d'une manière solide à l'infaillibilité de l'Église. Le seul point de passage ou de soudure entre l'une et l'autre est la foi du genre humain au médiateur à venir, foi qui ne subsistant plus aujourd'hui, prouve, dit-on, que le médiateur est venu. Mais qu'on dispute sur ce point, les liens réciproques sont brisés ; le Christianisme flotte au milieu du genre humain qui le surpasse en grandeur, autant que soixante siècles en surpassent dix-huit, autant que l'étendue du monde ancien et nouveau surpasse l'étendue de l'Église. Or, ce point dépend, comme tout le reste, de l'interprétation privée, et par conséquent nous retrouvons toujours le protestantisme donné pour base au Catholicisme.

M. de La Mennais s'est trompé d'un mot à cet égard. Faisant effort pour amener à l'unité les deux membres de son système, savoir, le genre humain et l'Église, il a dit que le Christianisme avait été à *l'état domestique* avant Jésus-Christ, et qu'il avait passé depuis à *l'état social*. Le véritable mot était celui-ci : le Christianisme a d'abord été à *l'état protestant ou individuel*, et il a passé par Jésus-Christ à *l'état catholique*; c'est-à-dire, que Dieu ayant donné au premier homme la vérité, ne la lui ravit pas après sa chute, mais la laissa dans le monde destituée de toute autorité tutélaire, excepté chez les Juifs, fille abandonnée du ciel d'où elle venait, reçue sous la tente de Job et des patriarches, chassée par les Chananéens, dépouillée par d'autres d'une partie de ses vêtemens, laissant çà et là des traces de son passage, mettant son nom sur une pyramide ou dans un tombeau, les lèvres scellées, sauf à Jérusalem, et n'ayant pas même la force de se défendre contre les injures involontaires de ceux qui l'aimaient, jusqu'à ce qu'enfin les temps étant accomplis, elle ouvrît la bouche pour dire : *Venez à moi vous tous qui travaillez et qui êtes las ;* et depuis, elle ne s'est jamais tue. Dieu n'a fait que deux choses en créant l'Église : il a donné une bouche à la vérité et une main à la charité. Faute de ces deux organes, la vérité périssait par le protestantisme, la charité par l'égoïsme, et le genre humain, sans voix et sans mouvement, était semblable à ces statues magnifiques des dieux qui *ajoutaient à la religion des peuples* par leur majesté, mais au nom desquelles on rendait des oracles contre la miséricorde et contre la vérité.

Veut-on en voir un exemple terrible, un exemple vivant, et qui justifiera ce que nous avons dit, *qu'un jour nos descendans feraient sortir du genre humain avec autorité tous les rêves de leur propre esprit ?*

Une secte s'est élevée qui appelle Dieu tout ce qui est, qui adore la matière, qui, sous le prétexte de détruire un dualisme incompatible avec la paix du monde, nie la différence du bien et du mal, qui veut affranchir l'homme du joug du démon, la femme du joug de l'homme, le pauvre du joug de la charité, et fonder sur cette Religion une société nouvelle. Eh bien! sait-on quelle est la base logique des disciples de Saint-Simon? Sait-on où ils croient lire la prophétie de leurs rêves? Dans l'humanité qu'ils proclament infaillible, dans le passé de l'homme, dans l'espérance présente du genre humain. Là où M. de La Mennais a vu les dogmes chrétiens successivement développés par la révélation primitive, par la révélation mosaïque et par celle de Jésus-Christ, là même, les disciples de Saint-Simon ont vu le développement de leurs dogmes, qui doivent, dans une quatrième révélation, recevoir encore un développement nouveau. Ils ont saisi, disent-ils, dans l'humanité, une loi de progrès, par laquelle la lutte du bien et du mal, de la lumière et des ténèbres, du bon et du mauvais principe, de l'esprit et de la matière, de Dieu et de la créature, de l'homme avec l'homme, va sans cesse en diminuant, jusqu'à ce qu'enfin naisse des douleurs universelles, comme d'un long et laborieux enfantement, l'unité sans tache de l'avenir, l'unité du bien et du mal, de la matière et de l'esprit, de Dieu et de l'homme, de l'homme et de la femme, du pauvre et du riche, du roi et du sujet, de tout avec tout, de tous avec tous. Et lorsqu'on s'étonne devant eux d'une si prodigieuse doctrine, ils répondent froidement qu'ils ne discutent pas, que l'humanité a prononcé, et qu'elle est infaillible. L'humanité, disent-ils, est pour nous dans ses trois temps : elle est pour nous dans le passé, car il y a eu dans le passé un progrès perpétuel vers l'unité future ; elle est pour nous dans le présent, car le présent repousse les vieilles doctrines du Catholicisme ; elle est pour nous dans l'avenir, car nous sentons que l'avenir nous appartient, comme les premiers chrétiens le sentaient dans les catacombes. Que ce soient là de folles appréciations des choses, que le passé, le présent et l'avenir du genre humain soient mal interprétés par les disciples de Saint-Simon, je le crois assurément, comme je crois que les protestans expliquent mal l'Écriture sainte ; mais il n'en est pas moins vrai que l'infaillibilité du genre humain est aujourd'hui le fondement logique d'une des plus formidables erreurs qui aient encore apparu dans le monde.

Tant il y a de dangers à apporter le moindre changement à la doctrine ancienne ! Tous les

Pères de l'Église, tous les docteurs chrétiens avaient senti, comme M. de La Mennais, le besoin de l'autorité; tous ils avaient admiré la bonté divine qui avait suspendu entre le ciel et la terre ce *lustre immense* de l'Église, pour me servir d'une expression du comte de Maistre, et qui en avait fait une autorité d'autant plus capable d'unir les intelligences divisées, qu'elle était la seule douée d'un organe, la seule qui réunît les caractères d'unité, d'universalité, d'antiquité. Hors d'elle, les hommes pouvaient s'assurer des premiers principes de leur raison par la nécessité invincible qui les force d'y croire, et par le consentement qu'y donnent autour d'eux leurs semblables; ils pouvaient fonder la science des choses visibles par l'observation des faits et l'accord des savans; ils pouvaient s'élever jusqu'à Dieu, jusqu'à la notion du bien et du mal, non seulement par les avertissemens qu'ils recevaient de leur conscience, mais par le spectacle des sociétés humaines dont aucune ne vit sans Dieu et sans lois morales : parvenus là, ils pouvaient bien encore philosopher, s'apercevoir qu'il restait dans le monde des débris d'une sagesse primitive; mais la philosophie et le genre humain manquaient d'autorité pour réunir les sages et le peuple dans la vérité; le lien du monde visible et du monde invisible était brisé là. Jésus-Christ le renoua en fondant l'Église catholique, apostolique et romaine; et c'est sur son autorité une, universelle, liée par l'antiquité à tous les temps, seule parlante et seule infaillible, que reposent à jamais, dans l'ordre des plus hautes vérités, la foi, la certitude et les destinées du monde.

Quiconque *n'écoute pas l'Eglise* végète, comme les anciens philosophes, dans des conjectures privées, impuissantes pour satisfaire d'autres esprits que le sien, pour satisfaire toujours le sien même; et, après de grandes espérances trompées, il choisit enfin dans les sombres abîmes du doute, pour se consoler, ou la brutalité du vice, ou les illusions du mysticisme, ou la paix stagnante de l'indifférence. Et quiconque cherche sincèrement l'Église, la trouve et la reconnaît à des marques qu'elle seule possède, et dont la première de toutes est son absolue nécessité. « Car, ou la Provi-
« dence de Dieu ne préside pas aux choses hu-
« maines, et alors il est inutile de s'occuper
« de Religion; ou elle y préside, et alors il ne

« faut pas désespérer que Dieu lui-même ait « établi une autorité qui nous soit un chemin « sûr pour nous élever jusqu'à lui (1). » La nécessité de l'autorité est le premier anneau de la chaîne qui conduit et qui rattache les hommes à l'Église; la solitude et le doute sont la peine présente de ceux qui méconnaissent son autorité sacrée. Or, le système philosophique de M. de La Mennais, en établissant une autorité infaillible autre que l'Église, détruit la nécessité absolue de l'Église, délivre de la solitude les esprits rebelles à l'Église, et néanmoins ouvre la porte à un protestantisme nouveau. Nous croyons l'avoir démontré; nous croyons avoir donné des motifs suffisans de la persévérance avec laquelle ce système a été repoussé par le corps épiscopal.

(1) Saint Augustin, cité plus haut.

—

CHAPITRE XII.

Conclusion.

Je m'arrête ici. Pourtant ces considérations sont loin d'être complètes. Il faudrait encore examiner en elle-même, dans ses bases logiques, la philosophie dont j'ai montré la nouveauté, l'inutilité et le danger. Il faudrait résoudre les divers argumens sur lesquels son auteur l'a établie. Toutefois la solution en est suffisamment indiquée, dans ce qui précède, pour les personnes accoutumées à ce genre de méditations. M. de La Mennais a mis en opposition perpétuelle avec le genre humain un homme seul, abandonné à son évidence privée, ne s'appuyant que sur lui et méprisant toute autorité. Or, il n'en est pas ainsi : l'homme n'est jamais seul. S'agit-il des premiers principes de la raison humaine, l'homme est en communication avec ses semblables. S'agit-il des premiers principes de la morale, l'homme est en communication avec la société. S'agit-il des sciences, l'homme est en communication avec les faits constatés par les savans. S'agit-il enfin de choses philosophiques et religieuses, l'homme est en communication avec l'Église catholique. L'erreur de M. de La Mennais consiste à n'avoir pas voulu que l'évidence discernât l'autorité, à avoir réduit tous les élémens de la certitude à l'autorité, et toutes les autorités à une seule, le genre humain, dont l'Église catholique ne serait elle-même qu'un développement. Otez cette supposition chimérique d'un homme placé entre le genre humain et la solitude la plus absolue, il ne reste pas debout un seul des raisonnemens du second volume de l'*Essai sur l'Indifférence.*

Je m'arrête donc ici. *Les longs ouvrages me font peur.* C'est assez pour moi d'avoir indiqué à mes frères un sujet de réflexions digne d'eux. Si j'en aide quelques uns à sortir d'un état de perplexité dont j'ai bien connu la douleur; si j'ai averti l'Église qu'une guerre se prépare et se fait déjà contre elle au nom de l'*humanité*, c'en est assez. Qu'il me soit permis seulement d'exposer les conclusions que j'ai tirées pour moi-même de la tourmente philosophique où j'ai été balotté. Il ne m'appartient pas de donner des conseils; mais on peut toujours dire sans orgueil que l'on s'est trompé, et rendre gloire à Dieu qui *appelle des ténèbres à son admirable lumière.*

Après dix ans d'efforts pour concevoir le véritable rôle de la philosophie dans l'Église; après des agitations d'esprit dont j'aperçois à peine la suite, tant le flot a succédé de fois au flot, tant l'orage a troublé l'orage, où suis-je arrivé? Aux mêmes pensées que possédaient sans inquiétude ceux qui avaient plus compté sur l'esprit de l'Église que sur le leur propre. Providence juste et sainte, qui berce doucement dans la vérité ses enfans les plus dociles! D'autres font le tour du monde; ils cherchent quelque chose de plus que la patrie : mais la patrie des esprits est comme celle qui nous donna le jour, le seul lieu du monde où se repose la pensée. Combien j'ai senti avec admiration la supériorité de l'Église, cet instinct ineffable qui la pousse, ce discernement divin qui écarte d'elle l'ombre d'une illusion!

Une philosophie tombe de la plume éloquente d'un écrivain renommé. Elle fait des disciples, elle est défendue avec un zèle inconcevable à une époque d'anarchie où rien n'est défendu par personne, parce que chacun croit avoir quelque chose à défendre; elle constitue une école, qui devient comme une puissance. Le monde lui-même s'émeut; il admire cette nouveauté qu'il n'était plus accoutumé de voir, quelque chose qui a l'air de vivre et de s'entendre. Cela lui paraît grand. Il proclame l'écrivain et le philosophe chrétien comme le seul sauveur de l'Eglise, si l'Église peut être sauvée. Il s'étonne que l'Église ne dise pas comme lui; il l'accuse d'ingratitude; il prophétise sa ruine, puisqu'elle n'a pas su reconnaître ses derniers défenseurs. O cité de Dieu! qui tromperez jusqu'à la fin les vains raisonnemens des hommes, ainsi ont-ils parlé de vous! Pour moi, je vous rends gloire; vous ne m'avez jamais paru plus divine.

Il y a sans doute un aspect infirme à toutes les choses qui se passent dans le temps, même aux choses saintes, puisque les hommes y sont mêlés. Dieu leur a laissé ce côté faible pour exercer notre foi. Mais, à la différence des choses humaines qui ont d'abord une apparence de grandeur, et qui bientôt deviennent petites, l'Église grandit avec les siècles, et elle n'a jamais besoin pour être justifiée, que d'attendre. Encore un peu de temps, *adhuc modicum*, et tout est changé.

J'ai fait une autre réflexion. Je me suis demandé comment une philosophie dont j'aperçois si clairement le vice aujourd'hui, avait pu si long-temps tenir en suspens ma raison; et j'ai compris que, luttant contre une intelligence supérieure à la mienne, et voulant lutter seul contre elle, il était impossible que je ne fusse pas vaincu. Car la vérité n'est pas un auxiliaire toujours suffisant pour rétablir l'équilibre des forces; autrement, jamais l'erreur ne triompherait de la vérité. Il faut donc qu'il y ait dans le monde une puissance qui soutienne les intelligences faibles contre les intelligences fortes, et qui les délivre de l'oppression la plus terrible de toutes, celle de l'esprit. Cette puissance, en effet, est venue à mon secours; ce n'est pas moi qui me suis délivré, c'est elle. Arrivé à Rome, au tombeau des saints Apôtres Pierre et Paul, je me suis agenouillé, j'ai dit à Dieu : « Seigneur, je commence à sentir ma faiblesse ; ma vue se couvre ; l'erreur et la vérité m'échappent également ; ayez pitié de votre serviteur qui vient à vous avec un cœur sincère ; écoutez la prière du pauvre. » Je ne sais ni le jour ni l'heure ; mais j'ai vu ce que je ne voyais pas, je suis sorti de Rome libre et victorieux. J'ai appris de ma propre expérience que l'Église est la libératrice de l'esprit humain ; et, comme de la liberté de l'intelligence découlent nécessairement toutes les autres, j'ai aperçu sous leur véritable jour les questions qui divisent le monde aujourd'hui.

Oui, le monde cherche la paix et la liberté ; mais il les cherche sur la route du trouble et de la servitude. L'Eglise seule en fut la source pour le genre humain, et seule, dans ses mamelles outragées par ses fils, elle en conserve le lait intarrissable et sacré. Quand les nations seront lasses d'être parricides, elles retrouveront là le bien qu'elles ne possèdent plus. C'est pourquoi le prêtre ne se mêlera pas aux querelles sanglantes et stériles de son siècle ; il priera pour le présent et pour l'avenir ; il quittera son repas, comme Tobie, pour ensevelir les morts de la captivité ; il embaumera dans la charité les douleurs du monde, le plus qu'il pourra; il prédira, sans se lasser, aux générations contemporaines, qu'il n'y a ni paix ni liberté possibles hors de la vérité; il sera plein de compassion et d'espérance; il recueillera les âmes qui souffrent et qui cherchent Dieu, versant sur leurs blessures la parole qui ranime ceux qui sont las; il remerciera Dieu de vivre dans un temps où l'ambition n'est plus même possible; il comprendra que, plus les hommes sont agités, plus la paix qui règne sur le front et dans l'âme du prêtre est une puissante chose; que plus les hommes sont dans l'anarchie, plus l'unité de l'Eglise est une puissante chose; que plus les hommes sont forts en apparence, plus la faiblesse extérieure de l'Eglise, qui vit de la seule force de Dieu, est une puissante chose; que plus le siècle prophétise la mort du Christianisme, plus le Christianisme en sera glorieux un jour, lorsque le temps, fidèle à l'éternité, aura balayé cette orgueilleuse poussière, qui ne se doute pas que, pour être quelque chose dans l'avenir, il faut être quelque chose dans le présent, et que le rien ne mène à rien. Le prêtre enfin sera ce qu'est l'Eglise, désarmé, pacifique, charitable, patient, voyageur qui passe en faisant le bien, et qui ne s'étonne pas d'être méconnu du temps, puisqu'il n'est pas du temps.

O Rome, c'est ainsi que je t'ai vue ! J'ai visité, avec un amour infini, les reliques toujours jeunes de tes saints, et les reliques admirables aussi de toutes tes grandeurs. Au pied solitaire de ton Vatican, je n'ai plus entendu les clameurs de tes ennemis que comme une pâle résurrection de ces voix d'esclaves, qui, de lustre en lustre, redisaient à ton Capitole que ses triomphateurs étaient mortels. Mais tu as hérité de leur gloire et non de leur caducité. Après tant de siècles, je t'ai trouvée debout, toujours vierge, toujours mère, toujours maîtresse, éternel outrage de l'erreur et de l'impuissance humaines. Assise au milieu des orages de l'Europe, il n'y avait en toi aucun doute de toi-même, aucune lassitude; ton regard, tourné vers les quatre faces du monde, suivait, avec une lucidité sublime, le développement des affaires humaines dans leur liaison avec les affaires divines : seulement la tempête, qui te laissait calme parce que l'esprit de Dieu soufflait en toi, te donnait, aux yeux du simple fidèle moins accoutumé aux variations des siècles, quelque chose qui rendait son admiration compatissante. La Croix brillait sur ton front comme une étoile dorée et immortelle ; mais c'était toujours la Croix. O Rome! Dieu le sait, je ne t'ai point méconnue, pour n'avoir pas rencontré de rois prosternés à tes portes ; j'ai baisé ta poussière avec une joie et un respect indicibles ; tu m'es apparue ce que tu es véritablement, la bienfaitrice du genre humain dans le passé, l'espérance de son avenir, la seule grande chose aujourd'hui vivante en Europe, la captive d'une jalousie universelle, la reine du monde. Voyageur suppliant, j'ai rapporté de toi, non de l'or ou des parfums, ou des pierres précieuses, mais un bien plus rare, plus inconnu : la vérité. Une parole prophétique est sortie de ton sein ; et, lorsque le temps aura fait un pas, lorsque sera accompli ce qui doit s'accomplir, cette parole, méconnue du monde présent, qui ne sait rien, éveillera dans son tombeau le pontife qui en a été l'organe, afin qu'il puisse entendre les acclamations de la postérité. O Rome ! un de tes fils, à qui tu as rendu la paix, de retour dans sa patrie, a écrit ce livre. Il le dépose à tes pieds, comme une preuve de sa reconnaissance; il le soumet à ton jugement, comme une preuve de sa foi.

FIN.

TABLE

DES MATIÈRES.

FIN DE LA TABLE.

www.ingramcontent.com/pod-product-compliance
Lightning Source LLC
Chambersburg PA
CBHW070609100426
42744CB00006B/437

* 9 7 8 2 0 1 2 8 0 3 1 8 3 *